Fans jusqu'à tuer

Version originale :
Obscession
Auteur : David Harvey
© Merlin Publishing 2002

Version française :
Fans jusqu'à tuer
© Les Editions Scènes de Crimes ; Genève, Suisse 2005
6, route de Compois
1222 Vésenaz / Suisse

Tél. 022 / 722 06 46
Fax 022 / 722 06 49
E-mail dany.goldstein@axions.ch
Web : www.scenes-de-crimes.com
ISBN 2-940349-01-0

Imprimé en Allemagne

Crédits photos :
Sipa Press : Brad Pitt, Bocklet U.S.A. New York
Sipa Press : John Lennon, Juliet Wilson
Chapman d.r.
Sipa Press : Steven Spielberg, Niviere / Villard / Sipa
Sipa Press : Johnathan Norman, Splash
Sipa Press : Gianni Versace, Serota / Sipa
Sipa Press : Andrew Cunanan, no credit / Sipa
Andrew Cunanan d.r.
Sipa Press : Jodie Foster, Niviere / Nebinger / Aslan / Sipa
John W. Hinckley d.r.
Sipa Press : Madonna, Smith / Warner Music / Sipa
Sipa Press : Robert Dewey Hoskins, Splash News

Fans jusqu'à tuer

Histoires vraies

Traduit de l'anglais par
Nathalie M.C. Laverroux

INTRODUCTION

La gloire a toujours attiré l'argent, l'intérêt du public et, dans de nombreux cas semble-t-il, le harcèlement. De récents incidents impliquant des stars internationales telles que Madonna, Brad Pitt et Steven Spielberg ont mis en lumière les problèmes auxquels les gens célèbres sont confrontés quand des admirateurs obsédés dépassent les bornes en devenant importuns et envahissants. A partir du moment où l'intérêt qu'une personne porte à une vedette tourne à l'obsession, les résultats sont souvent tragiques.

Selon les psychologues, les harceleurs en puissance ont un terrain favorable profondément enraciné en eux, et il suffit de peu de chose pour qu'ils passent à l'acte. La frontière entre les menaces et le passage à l'acte violent est tout aussi facile à franchir. Beaucoup de gens croient que le harcèlement est un phénomène qui n'affecte que les personnages riches et célèbres. Dans quelques exemples, on peut être excusé de penser que c'est presque devenu un accessoire à la mode pour ceux qui sont toujours sous le regard du public. Mais la réalité est effrayante. En fait, ce problème est aussi courant au XXIᵉ siècle que d'autres formes de crimes.

D'après des recherches menées en 1998 aux Etats-Unis, un million de femmes et trois cent soixante-dix mille hommes seraient victimes de harcèlement chaque année. Au Royaume Uni, les chiffres réunis en avril 1999 montrent que deux mille cinq cents cas ont été portés devant les tribunaux.

Sur une période de six mois, mille deux cent cinquante personnes ont été reconnues coupables, et cent soixante cinq ont été condamnées à la prison.

Dans nombre de pays, la gravité de l'acte de harcèlement est considérablement sous-estimée. Mais aux Etats-Unis, les mentalités ont évolué, et le harcèlement relève depuis peu de la justice criminelle. Le lobby qui exigeait une loi contre ce fléau a reçu un soutien tragique, en 1989, avec la mort de l'actrice Rebecca Schaeffer. Rebecca Schaeffer était née dans l'Oregon. A 21 ans, elle était la vedette du feuilleton quotidien *My Sister Sam*, et elle venait d'apparaître dans son premier film, quand elle fut poignardée à mort devant sa porte par un fan obsédé. Robert Bardo était l'incarnation du maniaque dangereux. Après avoir abandonné ses études, il avait développé une schizophrénie, et vivait en solitaire dans sa chambre, où il avait élevé un autel à Rebecca. Ne pouvant avoir une relation avec elle, il ne voulait pas qu'elle en ait une avec quelqu'un d'autre. En Californie, l'affaire Schaeffer fut à l'origine d'une loi, dont plusieurs versions furent ensuite adoptées par les cinquante Etats unis.

Le Code Pénal de Californie esquissa le contenu de l'article 646.9, qui est le premier à donner une définition légale du harcèlement, où qu'il ait lieu dans le monde! Voici cette définition:

«Le fait de suivre ou de harceler quelqu'un de façon réitérée, avec obstination et malveillance, ce qui implique la menace crédible de mise en danger de cette personne elle-même ou de sa famille.»

L'assassinat de Rebecca Schaeffer fut aussi, indirectement, à l'origine de la création de départements spécialisés dans le harcèlement au sein de la police américaine, le plus performant étant le *Threat Management Unit* (TMU-Unité de Traitement des Menaces), à Los Angeles. Le TMU identifie les cas de harcèlement, et intervient dans les cas avérés qui font courir un danger à une personne ou à la communauté en général.

Malgré l'adoption de cette loi, les conséquences du comportement obsessionnel d'un individu sur sa victime ne sont toujours pas reconnues dans toute leur gravité, y compris par les amis et parents de celle-ci. Destructeur, l'acte de harcèlement tend à prendre de l'ampleur et risque d'infliger à la personne persécutée des dommages psychologiques de longue durée. Quand il prend sa forme la plus extrême, la victime peut y laisser sa vie. Il s'agit alors d'un véritable crime.

Selon certaines études, n'importe qui ou presque peut devenir la victime d'un obsédé se livrant au harcèlement. Dans leur étude menée en 1993, Zona, Sharma et Lane ont établi trois principales catégories de harceleurs :

L'érotomaniaque a la conviction, souvent illusoire, d'être aimé de la personne qu'il aime. Il se livre souvent à de grands efforts pour se rapprocher de son idole ou objet de son désir. Connu sous le nom de «Syndrome de Clerambault», son cas fait partie des cas médicaux graves s'apparentant aux diverses formes de paranoïa. Selon Zona, Sharma et Lane, un harceleur érotomaniaque rejette généralement toute preuve que sa proie ne s'intéresse pas à lui. Il peut rester dans cet état d'illusion pendant des années. Rares sont les cas d'érotomanie qui peuvent être traités efficacement.

L'obsédé sexuel qui se livre au harcèlement n'est pas éloigné de l'érotomaniaque quand il ne connaît sa proie potentielle que par les médias mais qu'il croit en être aimé. Ce genre d'illusion est souvent liée à une grave maladie mentale, la plupart du temps la schizophrénie, ou un trouble bipolaire.

L'obsession simple accompagnée de harcèlement est souvent le fait de personnes qui ont déjà eu une relation avec leur victime. En général, cette relation a tourné court, ou alors, la personne obsédée s'est mis en tête que la victime l'avait trahie au moment où ils se fréquentaient. Se croyant bafouée, elle va se mettre à la harceler avec l'idée de rétablir la situation, ou de se venger, ou encore de lui soutirer un quelconque dédommagement. La vengeance est intrinsèquement liée à la relation qui a existé entre les deux personnes.

Ce domaine est l'objet d'un nombre toujours croissant d'études menées par des psychologues, des juristes et des universitaires. Les experts mettent en avant le besoin de prendre en compte une quatrième catégorie, décrite sous le nom de harcèlement de vengeance ou de terrorisme. Cette catégorie est radicalement différente des trois précédentes dans la mesure où ceux qui commettent ces actes ne cherchent pas à avoir une relation personnelle avec leur victime mais agissent plutôt pour «être quittes» avec leurs ennemis. Ils n'ont pas besoin d'une relation intime. En fait, ils souhaitent par-dessus tout ne jamais en avoir.

Le profil type du harceleur est difficile à définir, comme l'ont confirmé les spécialistes de la police. Pour les experts, il n'existe aucun moyen simple de classer les actes obsessionnels, aucune façon de les faire entrer dans des catégories. La difficulté d'établir le profil précis du harceleur est illustrée par l'examen des dossiers de nombreux cas d'érotomanie présentant une dépendance à la drogue, ou à l'alcool combinée à la drogue. La dépendance

à la drogue engendre souvent le désir d'avoir un comportement violent ou menaçant envers une personne innocente,
et qui ne se doute de rien. Sous l'influence de la drogue,
des personnes «normales», n'ayant pas nécessairement le
profil de l'obsédé peuvent basculer. Cependant, il existe
quelques indices de base permettant de se faire une idée
du genre de personne qui peut s'adonner à cette forme de
harcèlement extrême. Les obsédés simples ou les obsédés
amoureux sont souvent des femmes, de tendance hétérosexuelle. Dans ces cas-là, une préférence autre que l'hétérosexualité est rare. Alors que les érotomaniaques sont
principalement des hommes et que 40 % d'entre eux sont
homosexuels ou bisexuels. Dans de nombreux cas, le harceleur a été l'objet de soins psychiatriques pendant quelque temps. Le plus surprenant, c'est que l'âge moyen dans
les trois catégories est de 39 ans. Dans l'ensemble, ces pro-
fils dissipent l'idée communément admise selon laquelle
ces individus sont des hommes d'un certain âge qui se
conduisent comme des voyeurs. Ainsi que vous le lirez
dans les histoires qui composent cet ouvrage, le harceleur
moderne est un individu plus sophistiqué, plus déséquilibré et infiniment plus dangereux.

Les actes de harcèlement sont très souvent des appels
au secours lancés par ceux qui les commettent. Malheureusement, ces appels prennent la forme d'actions qui
vont changer radicalement la vie des personnes visées. Le
but de ce livre n'est pas d'analyser en détail les motivations des harceleurs, ni les effets ressentis par leurs victimes. Mon intention est de raconter six histoires ayant
pour protagonistes des harceleurs et leurs proies, et d'exa-
miner dans une certaine mesure la manière dont des
admirateurs excessifs entraînent leurs victimes dans des
années de souffrance et de perturbation, quand ils ne les
tuent pas.

Outre la présence d'un individu qui les harcèle, les personnages de ces histoires partagent un trait commun : ils sont tous des célébrités internationales.

S'il y a une conclusion à tirer de cet ouvrage, c'est que la société contemporaine a promu et adopté le culte des stars. Des gens comme les *pop stars*, les vedettes de cinéma, de télévision et du monde sportif, atteignent un statut très élevé qui fait d'eux de «nouveaux dieux» adulés par chaque génération. Pour ceux, parmi le public, qui ont des problèmes psychologiques s'échelonnant de l'obsession simple aux troubles paranoïaques, ces nouveaux dieux représentent des cibles qu'ils peuvent harceler ou traquer, parfois jusqu'à leur donner la mort.

CHAPITRE I

BEATLESMANIA

Quand il est passé près de moi, j'ai entendu une voix qui martelait dans ma tête : vas-y, fais-le, fais-le...

New York, 8 décembre 1980. A 23 heures, par cette froide nuit d'hiver, un jeune homme guettait dans la pénombre, au pied d'un immeuble cossu de Manhattan. Un peu plus tôt, ce jour-là, il avait déjà croisé celui qui allait être sa victime, et maintenant, il attendait avec l'espoir de le revoir. Dans quelques minutes, l'idole de toute une génération allait disparaître, et le regard porté par le public sur les gens célèbres allait changer à tout jamais. Ce jeune homme s'appelait Mark David Chapman. Celui qu'il attendait n'était autre que John Lennon.

Le monde des maniaques et celui de leurs victimes se croisent rarement par hasard. Mark Chapman avait préparé son voyage à Manhattan pour voir John Lennon de très près. Il s'était même entraîné à courir. Avait-il prévu de le tuer le 8 décembre ? Cette question n'a toujours pas trouvé de réponse. Il se peut qu'il ait commis ce meurtre impulsivement. Après tout, il avait déjà rencontré Lennon, le même jour, et il aurait très bien pu le tuer à ce moment-là. Cependant, une chose est certaine : Mark Chapman savait pourquoi il était venu A New York. Sa présence était l'aboutissement d'un long parcours tourmenté, dans lequel il vivait par procuration, tout en offrant une apparence normale, discrète, respectable. Mais au fond de lui se cachait un tourbillon d'émotions et de pensées contradictoires. John Lennon et Mark Chapman se ressemblaient beaucoup. En fait, si Lennon avait rencontré Chapman dans le contexte de sa carrière, il l'aurait probablement apprécié. Comme lui, Mark était un être très cérébral.

Né le 10 mai 1955 près de Forth Worth, Texas, Mark Chapman était le fils aîné de David et Diane Chapman. David avait terminé son service dans l'armée de l'air, où il était sergent, peu de temps après la naissance de Mark. Il obtint un diplôme universitaire, et bientôt déménagea avec sa famille pour Decatur, une petite ville voisine d'Atlanta, en Géorgie, où il avait trouvé un emploi à l'*American Oil Company*. En 1962, David et Diane eurent une petite fille, Susan.

Alors que la vie de la famille Chapman paraissait correspondre en tous points aux critères américains des années 1960, il semblerait que Mark n'ait jamais été vraiment comme les autres garçons. Même s'il s'intéressait aux mêmes choses qu'eux, il était bizarre sous bien d'autres aspects. Il devait déclarer plus tard aux psychiatres qu'il avait été très malheureux pendant son enfance, et qu'il avait servi de souffre-douleur. En faisant cette déclaration, il se souvint que les autres garçons l'appelaient petit minou, ce qui avait renforcé sa tendance à se replier sur lui-même et à s'isoler dans sa chambre dès qu'il en avait l'occasion. N'étant pas capable de se faire des copains de son âge, il eut recours à des amitiés imaginaires pour peupler son existence solitaire. Dans la biographie de Chapman *Let me take you down*, l'auteur, Jack Jones, cite quelques commentaires que Mark devait faire plus tard sur ses compagnons fictifs:

«Je me voyais en roi, entouré de toutes ces Petites Gens, j'étais leur héros et je passais tous les jours à la télévision ils avaient presque de l'adoration pour moi. J'avais l'impression que je ne pouvais rien faire de mal.»

Apparemment, la vision négative qu'avait Mark de son entourage familial n'était pas fondée. David Chapman voulait le faire participer à toutes les activités de la famille, mais il avait rarement du succès. En tant que chef scout, David faisait partie des Jeunesses Chrétiennes. Il y emmenait son fils, et lui avait appris à jouer de la guitare. Bien que, de l'extérieur, leur relation parût stable et pleine d'amour, Mark affirma plus tard aux psychiatres qu'il haïssait son père. Au cours d'un entretien avec le psychologue Lee Salk, il admit que son père passait beaucoup de temps avec lui, mais il ajouta qu'il était absent sur le plan affectif. «Je crois qu'il ne m'a jamais serré dans ses bras. Il ne m'a jamais dit qu'il m'aimait, ni qu'il regrettait quoi que ce soit, c'était ce genre de type». Dans la tête de Mark, les amis imaginaires étaient au premier plan. En menant cette vie solitaire, il tenait à distance sa famille et le monde extérieur.

En 1969, il avait 14 ans et fréquentait le collège tout proche de Columbia. C'est là qu'il fit ses premières expériences avec la drogue, alors que les hippies étaient à l'apogée de leur popularité. Il commença par goûter à la marijuana puis, très vite, au LSD et à tous les hallucinogènes qui lui tombaient sous la main. Devenu provocant, il se mit à ignorer ses parents, se laissa pousser les cheveux et vécut la nuit. Très impressionnable, et d'un tempérament caustique par besoin d'en imposer aux autres, il fréquenta une faune qui s'adonnait à la drogue. Cet entourage était peut-être inquiétant, mais il lui donna le sentiment d'appartenir à une communauté et fit de lui un rebelle. Le jour où ses parents l'enfermèrent dans sa chambre, il réussit à enlever la porte de ses gonds et quitta la maison, où il ne remit pas les pieds pendant une semaine. Il finit par quitter Decatur pour Miami, et vécut 15 jours sur la plage avec d'autres «non conformistes». Quand il fut à court d'argent, il rentra chez lui par le bus, avec un ticket qu'un inconnu altruiste lui avait procuré. Mark était tombé dans l'engrenage de la drogue, et selon Jack Jones, c'est elle qui lui fit prendre conscience de la fureur qui bouillonnait en lui. Dans les citations que Jones a réunies, Chapman évoque cette période:

«Je ne dormais jamais quand je prenais de l'acide. Je me souviens que j'étais debout dans la chambre, et tous les autres étaient étendus sans connaissance sur le lit. Je me rappelle aussi il y avait un couteau dans cette pièce. Pendant mon trip, quelque chose en moi me poussait à prendre ce couteau et à le planter dans ces mecs, mes amis. Et moi, bien sûr, j'avais la liberté du choix et je ne l'ai pas fait. Mais je sentais cette force qui m'obligeait presque à prendre ce couteau pour les tuer. C'est comme ça que ces choses-là arrivent quand les gens deviennent «accroc». Ils s'ouvrent aux mauvais éléments d'une nature spirituelle et ils peuvent être influencés au point de faire des choses terribles et irréversibles. Dieu merci, je ne l'ai pas fait. Mais je me rappelle avoir éprouvé cette envie.»

En 1971, alors que la vie de bâton de chaise de Mark devenait de plus en plus chaotique, il y mit brusquement le holà. Un ami lui avait parlé d'une retraite de prière de l'église presbytérienne, et lui avait affirmé que c'était le lieu idéal pour rencontrer des filles. Mark décida d'y aller. Là, il revit Jessica Blankenship, une jeune fille qu'il avait connue au collège. Il fit également une rencontre spirituelle avec Dieu. C'était la première fois qu'il entrait en contact avec un être immatériel autre que ses amis imaginaires. Ceci eut un impact important sur Mark. En même temps que ses croyances, son apparence changea radicalement; ses cheveux longs, son aspect sale et négligé, la drogue, tout disparut. Avec la ferveur d'un nouveau converti, Mark sauta à corps perdu dans le Renouveau Chrétien. Sa nouvelle apparence, cheveux courts, vêtements impeccables, comportement mesuré, en irrita certains, mais elle était de loin préférable à la personnalité agressive de Mark Chapman «le drogué». Il redevenait relativement normal, comparativement à sa période de toxicomanie. Sa nouvelle philosophie était de faire «le bien» et de rejeter «le mal». Il trouvait que la drogue l'avait rendu mauvais, malfaisant, que tout ce qu'il avait fait jusque-là était négatif, et il considérait de la même façon tous ceux qui avaient vécu cette expérience.

A ses yeux, les héros et les célébrités qu'il avait adulés étaient désormais néfastes. Mark refoulait le mal au profit du bien. Et pour ce faire, il rejeta de son orbite tous ceux qui avaient été associés à cette période. Or, il s'avère que John Lennon en était.

Aucun adolescent de la fin des années 1960 ne pouvait manquer d'être impressionné, ou du moins de remarquer, les Beatles et leur musique. Leurs chansons avaient certainement eu un fort impact sur Mark Chapman. Il en avait choisi plusieurs, parmi les plus célèbres, pour son propre répertoire accompagné à la guitare. John Lennon était considéré comme un héros, en particulier par la jeunesse hippie des Etats-Unis. Si John Lennon pouvait dire à l'ordre établi d'aller «se faire foutre», pourquoi les jeunes ne le diraient-ils pas eux aussi ? Les bouffonneries de Lennon étaient comme une musique pour «le drogué» Mark : ignorez le règlement, faites-vous pousser les cheveux, rejetez les conventions et droguez-vous.

Au cours des années, la musique des Beatles avait changé. Les dernières créations du groupe étaient devenues beaucoup plus complexes. A des titres accrocheurs et naïfs tels que *She loves you* et *Can't buy me love* succédèrent des chansons plus profondes, et plus marquées d'influence contemporaine, telles que *Lucy in the Sky with Diamonds* et *Strawberry Fields Forever*. Les Beatles se droguaient, et ils avaient obtenu les conseils de chefs spirituels orientaux. Dans une interview iconoclaste accordée en 1966 au London *Evening Standard*, John Lennon avait fait cette déclaration devenue célèbre :

«Maintenant, nous sommes plus populaires que Jésus ; je ne sais pas qui va passer au premier rang : le rock n'roll ou le Christianisme». Aux Etats-Unis, ce commentaire suscita une campagne haineuse contre les Beatles en général et contre John Lennon en particulier. Ce sentiment anti-Lennon était encore plus fort dans la «Ceinture Biblique» des Etats du Sud profond, où la dernière mode fut de jeter au feu les albums du groupe.

Il est clair qu'en trouvant Dieu, Mark Chapman rejeta le musicien. Mais ce n'était pas un revirement susceptible de le conduire au meurtre. A ce moment-là, il se contenta de persuader le groupe de prière du collège de chanter sa propre version de *Imagine*, en remplaçant les principales paroles par «Imagine que John Lennon soit mort». Son attitude ressemblait alors davantage à une forte antipathie passive qu'à de la haine, mais il accumulait du ressentiment contre le chanteur et ses convictions.

En fait, alors que s'accroissait son nouveau sentiment

de sécurité et qu'il trouvait une nouvelle identité, Mark ne rejeta pas seulement John Lennon. Mais puisqu'il l'avait rejeté, il avait besoin de le remplacer par d'autres héros. Il en choisit un dans la personne du musicien Todd Rundgren. Né à Philadelphie, Rundgren était l'un des artistes de talent les plus excentriques du début des années 70. Son style original attira une foule d'inconditionnelles. Plus tard, il connut la gloire internationale en tant que producteur de l'album de *Meatloaf Bat out of Hell*. Mark parlait souvent de «l'Evangile selon Todd».

A cette époque, Mark découvrit aussi un personnage qui devait devenir le plus grand modèle de sa vie. Il retrouvait notamment en lui ses propres anxiétés et ses déficiences affectives. Michael McFarland, membre du groupe rock chrétien de Mark, lui avait conseillé de lire *L'Attrape-Cœurs* de J. D. Salinger. Holden Caulfield, le jeune homme de 16 ans habité par l'angoisse existentielle, devint son nouveau héros. Il s'identifia presque entièrement à lui, adopta sa vision du monde, et en particulier son obsession des «faux jetons». Plus tard, Chapman devait affirmer que ce livre l'avait conduit au meurtre de John Lennon.

A son tour, Mark recommanda la lecture de *L'Attrape-Cœurs* aux autres membres de sa nouvelle famille chrétienne, qui ne tarda pas à remplacer sa véritable famille et à procurer à l'adolescent déboussolé qu'il était le soutien dont il avait besoin. Tandis que ses activités chrétiennes se multipliaient, son travail scolaire et son comportement général s'amélioraient. Il s'engagea dans la filiale du YMCA de South DeKalb, où son père était chef scout et enseignait la guitare. Ces changements n'étaient que les prémices du tournant qu'allait prendre sa vie. Pendant sa phase de toxicomanie, Mark n'aurait pour rien au monde voulu se montrer aux «Jeunesses». Dans sa nouvelle phase chrétienne, il devint directeur adjoint du camp d'été et entama une longue collaboration avec cet organisme.

Tony Adams, le premier directeur des Jeunesses Chrétiennes de South DeKalb, voyait chez Mark de réels talents de chef, et le décrivait comme le «joueur de flûte d'Hamelin avec les gosses». Les enfants l'appelaient «Nemo», vraisemblablement d'après le nom du Capitaine de *Vingt-Mille Lieues sous les Mers*, de Jules Verne. Quand Mark fut récompensé en tant que «remarquable conseiller du camp», les enfants se levèrent en criant «Némo, Némo!» Mark paraissait ravi. Sans aucun doute, ce fut pour lui une période heureuse de son adolescence. Il avait trouvé là un groupe d'adultes et d'enfants, et même des copains de son âge qui l'aimaient et le respectaient. Il avait un statut, de l'influence, et un avenir.

En 1973, Mark passa ses examens de fin d'études secondaires au collège de Columbia et partit à Chicago avec son ami Michael McFarland. Ils essayèrent de donner des spectacles dans des lieux chrétiens de la région. Michael faisait la satire de personnages politiques, et Mark l'accompagnait à la guitare. Cependant, le spectacle McFarland-Chapman fut de courte durée, et Mark se retrouva bientôt en Géorgie. Il travailla à temps partiel au YMCA, tout en suivant plusieurs cours au DeKalb Community College pour passer des examens qui lui permettraient d'obtenir un emploi à plein temps. En récompense de son travail acharné, cet organisme l'envoya en «mission» internationale à Beyrouth, au Liban.

Au début des années 70, le Moyen-Orient n'était pas l'endroit idéal pour un groupe d'adolescents chrétiens américains. Ces «missionnaires» furent vite renvoyés chez eux, et comme alternative, on proposa à Mark un travail auprès des réfugiés vietnamiens, à Fort Chaffee, dans l'Arkansas. Une fois de plus, cette expérience fut positive pour lui. Les Vietnamiens l'aimaient, et il éprouva le même sentiment d'appartenance qu'il avait eu avec les enfants de Camp Koda, nom du programme de South DeKalb. Ses employeurs l'aimaient aussi et respectaient son éthique de travail; il faut dire qu'il lui arrivait souvent de travailler deux fois plus que le temps requis.

A Fort Chaffee, Mark découvrit aussi la sexualité. Mais sa première expérience n'eut pas lieu avec Jessica Blankenship, qui occupait pourtant son cœur depuis longtemps. Mark perdit sa virginité avec la jeune fille qui partageait sa chambre à Fort Chaffee. Leur relation avait démarré de façon assez innocente, pour devenir rapidement une liaison physique. Quand Jessica, que Mark considérait comme sa fiancée, vint le voir au camp de réfugiés, il se sentit coupable mais ne lui dit rien. Ce fut le début d'un autre accès de dépression, et Mark se mit à douter de lui-même. Son incapacité à affronter Jessica et à prendre cette situation en mains les effraya tous les deux et l'entraîna dans une spirale descendante.

Vers la fin de l'année 1975, presque tous les réfugiés de Fort Chaffee avaient trouvé des familles d'accueil, et ce programme allait bientôt arriver à son terme. Dana Reeves, une amie de Mark, partit en voiture d'Atlanta pour aller le chercher. D'après son collègue de camp, Rod Riemersma, cité dans le New York Magazine de juin 1981, Mark avait dit:

«Nous allons tous nous retrouver un de ces jours. Un jour, l'un de nous deviendra quelqu'un. D'ici cinq ans, l'un de nous sera devenu célèbre, et cela nous réunira tous.»

Après avoir quitté Fort Chaffee, et avec l'espoir d'obtenir un diplôme universitaire, Mark passa une courte période avec Jessica à Covenant College, une université presbytérienne très stricte située dans le Tennessee. Il s'était inscrit aux mêmes cours qu'elle, et il insistait pour qu'ils travaillent ensemble chaque soir. Quand il était à Fort Chaffee, les visites de Jessica représentaient la partie centrale de sa vie; il en rebattait les oreilles à ses collègues du camp. Cependant, Jessica ne supporta pas de rencontrer Mark tous les jours. Il quitta Covenant au bout d'un trimestre, et peu de temps après, Jessica rompit avec lui.

Mark retourna à Decatur où il retrouva le poste de directeur adjoint du programme de vacances. Il y resta presque tout l'été 1976. Un mois plus tard, il quitta son travail après une dispute avec un des directeurs du camp. Une fois encore, sa vie s'effondrait. Comme Holden Caulfield, il était «debout au bord d'une saleté de falaise». Il se considérait comme un raté. Il retomba dans la dépression, devint suicidaire et se mit à grossir, d'une quinzaine de kilos en 3 mois. Son aspect était de plus en plus négligé. Après avoir été aimé de tous, sinon adulé, il se retrouva en quelques jours sans travail ni amour. N'ayant plus de statut social et se sentant inutile, il laissa sa vie partir à la dérive. Il est évident qu'à ce moment-là, Chapman envisagea le suicide. Mais il eut brusquement l'idée de visiter un beau pays exotique avant d'en finir, et il choisit Hawaï.

En janvier 1977, il descendit à l'hôtel le plus luxueux et le plus onéreux qu'il put trouver à Honolulu: Le Moana. Le coût de la chambre était bien au-delà de ses moyens, mais il pouvait passer ainsi pour un riche touriste, et cela redora à ses propres yeux son image, si prompte à se ternir. Quand il fut à court d'argent, il retourna au YMCA, dans un état de dépression aiguë. Il appela Jessica et essaya de renouer avec elle. Consciente de sa fragilité mentale, elle entra dans son jeu, mais quand il revint près d'elle, la jeune fille lui fit comprendre que leur romance était terminée. Le retour au pays eut au moins le mérite de convaincre Mark qu'il voulait repartir à Hawaï, et cette fois-ci, pour de bon.

En mai 1977, il arrivait sur l'île. Il avait mis ses dernières économies dans un simple billet aller. Ayant peu d'argent, il fut obligé de se faire héberger encore au YMCA. Pour gagner sa vie, il travailla dans les cuisines d'une usine alimentaire. Mais le changement de décor n'améliora en rien son état mental, et il devint vite plus dépressif que jamais. Croyant le moment venu d'en finir, il passa des heures au téléphone avec un bureau d'aide aux personnes suicidaires, et il programma son décès. Il s'offrit un dernier repas composé de bifteck et de bière, loua une voiture et se rendit sur une plage déserte. Il inséra une extrémité d'un tuyau d'aspirateur dans le pot d'échappement, et laissa l'autre dans la voiture. Il fit démarrer le moteur, ferma les vitres et attendit la mort.

Quelques instants plus tard, il fut réveillé par des coups frappés A la vitre de la portière. C'était un pêcheur qui passait par là, et qui, remarquant sa voiture, s'était arrêté pour voir s'il avait besoin d'aide. La partie du tuyau d'aspirateur insérée dans le pot d'échappement avait fondu, arrêtant l'arrivée de monoxyde de carbone. Mais il en était entré suffisamment dans le véhicule pour que Mark dorme un court instant. D'après des études menées sur les gens suicidaires, le fait de rater ce genre de suicide est très souvent ressenti comme un échec supplémentaire, particulièrement écrasant. Mark, lui, y vit le signe que Dieu l'avait «délivré», et lui avait donné l'opportunité de mener une nouvelle vie. Il pria pour avoir le courage d'en saisir l'occasion

Le lendemain matin, Mark se présenta à une clinique psychiatrique toute proche. Ce n'était pas la première fois; on lui avait déjà prescrit des médicaments (qu'il avait jetés). Le psychiatre qu'il consulta reconnut aussitôt les symptômes d'une grave maladie maniaco-dépressive et le fit entrer au Castle Memorial Hospital. Bien que Mark fût resté sous surveillance pendant les premiers jours, il eut la permission de sortir, moins de deux semaines plus tard, et il prit le travail que l'hôpital lui avait trouvé dans une station-service voisine.

Aussitôt mû par un besoin de changement, comme lorsqu'il était aux Jeunesses Chrétiennes, il posa sa candidature au Castle Memorial Hospital, qui l'accepta et le chargea de l'entretien. Il travailla dur et fut très apprécié, ce qui fit remonter sa confiance en lui. A tel point qu'il envisagea très vite de repartir et, au printemps 1978, il annonça qu'il allait se remettre à voyager.

Mark décida de faire le tour du monde. La jeune femme de l'agence de voyage à qui il eut affaire, Gloria Abe, était américano-japonaise. Ils commencèrent à se voir. Mark lui envoya des petits mots et des cadeaux pour la remercier de la gentillesse dont elle avait fait preuve pour l'aider à organiser son voyage. Gloria vint le voir à l'aéroport de Honolulu avant son départ. Ils s'embrassèrent et Mark lui promit de lui écrire tous les jours.

Les relations que Mark Chapman entretenait avec le YMCA lui permettaient de se loger pour un prix très modique, voire gratuitement, partout où il allait. Il visita plusieurs pays dans le Sud-Est asiatique avant de retourner à Atlanta via Genève, Paris et Londres.

A Genève, il passa quelque temps avec David Moore, un homme qui avait été en quelque sorte son mentor pendant ses années aux Jeunesses Chrétiennes. Plus tard, Moore déclara qu'il avait remarqué une amélioration considérable du caractère et de l'état mental de Mark au cours de ce séjour. Quant au fait que Mark se soit rendu à Atlanta, il peut être interprété comme un effort de sa part pour renouer avec sa famille et ses amis. Mais la relation pénible que son père et sa mère entretenaient avait fini de s'effriter. Maintenant que sa sœur était presque adulte, ils ne voyaient aucune raison de continuer à vivre ensemble, et ils s'étaient séparés. De leur côté, les «amis» que le jeune homme avait pu avoir dix ans auparavant étaient partis. En réalité, Mark était seul, et comme il ne pouvait plus bénéficier du soutien des Jeunesses Chrétiennes de South Dekalb, il lui restait peu de possibilités. S'il envisagea de recommencer sa vie à Atlanta, il se rendit vite compte que c'était impossible. Il n'y avait rien pour lui dans cette ville. Il décida donc de retourner à Hawaï.

A Honolulu, Gloria l'attendait à l'aéroport. Leur relation devenant plus intime, la jeune fille abandonna le bouddhisme pour se convertir au christianisme. Ils se marièrent le 2 juin 1979. Mark avait retrouvé un travail au Castle Memorial Hospital, cette fois dans l'atelier d'imprimerie. Contrairement à son premier emploi, qui lui donnait souvent l'occasion de rencontrer des gens et de leur parler, l'imprimerie était une occupation solitaire. En travaillant seul, Mark avait le temps de réfléchir, et cela l'entraînait invariablement sur la pente glissante de ses tendances dépressives. D'après le témoignage qu'il fit devant les psychiatres désignés d'office par le tribunal, c'est à cette époque-là que les «petites gens» sont revenus hanter son esprit.

Cependant, une autre personne venait de resurgir de son passé : sa mère. Diane Chapman, qui venait de divorcer, partit s'installer à Hawaï. C'était une mauvaise nouvelle pour Mark. Tout en appréciant une relation distante avec elle, il avait passé les 15 années précédentes à tenter d'oublier son enfance malheureuse. Désormais, il était un autre homme, un homme marié, chargé de responsabilités.

La dernière chose qu'il voulait était de voir sa mère rôder dans les parages. Au lieu de protéger Gloria de cette présence importune, Mark la mit en première ligne. Dès lors, le couple se retrouva rarement dans l'intimité, et quand ils étaient enfin seuls, l'humeur irascible et le comportement irrationnel de Mark leur gâchaient la vie.

La double pression exercée par la présence de sa mère et par les responsabilités qui lui incombaient amena Mark à opérer une série de changements dans sa vie. Estimant que l'imprimerie était un emploi indigne de lui, il se fit nommer directeur des relations publiques de l'hôpital. Malheureusement, son apparence affable et sa capacité à bien s'entendre avec les gens ne suffisaient pas; Mark n'était pas fait pour ce genre de travail, et cette expérience fut désastreuse. En outre, il avait un nouveau train de vie qui l'obligeait à dépenser beaucoup d'argent. Avec Gloria, il avait emménagé dans un appartement de plus grand standing. Il prit des crédits importants et décida d'investir dans des œuvres d'art. Sa personnalité était toujours sous-tendue par une idiosyncrasie à tendance obsessionnelle. Pat Carlson, une marchande d'art de Honolulu, déclara à un journaliste qu'elle n'avait jamais vu quelqu'un manifester une telle obsession pour l'art: «Il m'appelait trois ou quatre fois par semaine pour en parler». Il acheta pour cinq mille dollars une lithographie de Salvador Dali, Lincoln en Dalivision. Au bout de quelque temps, il s'en sépara et acheta Triple auto-portrait de Norman Rockwell, qu'il paya sept mille cinq cents dollars, en partie empruntés à sa mère.

Son attitude était de plus en plus extravagante. Il était lunatique, et se montrait agressif, en particulier avec Gloria. Un après-midi, alors qu'il était venu la chercher à son travail, il ne supporta pas de l'attendre et fit irruption dans son bureau en accusant son patron d'abuser d'elle.

La seconde fois où cela se produisit, il ordonna à Gloria de donner sa démission, ce qu'elle fit.

L'état émotif et les finances de Mark étaient maintenant en chute libre. Mais exactement comme à la fin des années 60, au moment où il ne contrôlait plus la drogue, un revirement inattendu se produisit en lui.

En mars 1980, il annonça à Gloria que sa prochaine mission consistait à éponger leurs dettes. A l'instar de tout ce qu'il faisait, cette décision devint très vite une véritable obsession. Il encouragea Gloria à économiser sur tout. Et une fois de plus, Gloria obtempéra.

Vers le milieu des années 80, cela faisait trois ans que Mark vivait à Hawaï. Sa quête pour se «libérer de son passé, de ses problèmes et des «petites gens» qui lui trottaient dans la tête avait échoué. Alors qu'il maîtrisait sa situation d'homme marié, il croyait être dépassé par son mariage et agir contre sa volonté. Malgré tous les changements apportés dans sa vie, son estime de soi était au plus bas. Il avait des pensées confuses, des objectifs flous, et l'impression que sa vie partait dans tous les sens.

Au début du mois de septembre, il écrivit dans une lettre adressée à Linda Irish, une de ses amies: «Je deviens dingue», et il signa: *L'Attrape-Cœurs*. Une fois de plus, ses pensées étaient dominées par la vie de Holden Caulfield, vie qu'il voyait se dérouler de pair avec la sienne. Il se rendait fréquemment à la bibliothèque de Honolulu, où il lisait quelques pages de ce roman en s'assimilant complètement au héros. Comme lui, il détestait les «pourris» et les hypocrites. Ayant l'impression que personne ne le comprenait vraiment, il voulait faire une action qui le fasse remarquer. Au cours d'une de ses visites à la bibliothèque, il trouva un nouveau livre: *John Lennon: one day at a time*, par Anthony Fawcett. C'est un portrait flatteur, presque dithyrambique, écrit par un ancien assistant du chanteur. La lecture de cet ouvrage engendra chez Mark un nouvel accès de fureur. Pendant la majeure partie des années 70, John Lennon avait eu une vie difficile. On lui reprochait sa rupture acrimonieuse avec les Beatles. Nombre de ses fans étaient déçus par son égoïsme et par l'influence de sa femme, l'artiste japonaise Yoko Ono. Après son éloignement des Beatles, son œuvre musicale était devenue inégale, pour ne pas employer de qualificatif moins indulgent. Paul McCartney, avec lequel il avait écrit ses chansons, l'avait éclipsé sur le plan de la créativité et des ventes. De plus, sous l'influence de Yoko, Lennon était devenu la figure de proue de plusieurs initiatives pacifistes, et il avait déconcerté et stupéfié ses fans avec ses manifestations «faites l'amour, pas la guerre» et «des cheveux longs pour la paix».

Ces protestations attirèrent sur lui l'attention d'un groupe très puissant... qui n'était autre que le gouvernement des Etats-Unis.

John Lennon et ses amis gauchistes organisaient une tournée nationale qui devait mêler musique rock et manifestations pacifistes. Or, en 1972, l'administration de Nixon chercha à le faire expulser des Etats-Unis, de crainte que ses actions contre la guerre du Vietnam n'aient un effet négatif sur les chances de réélection du Président. Le directeur du FBI, J. Edgard Hoover, essaya de le faire partir par le biais du service d'immigration et de naturalisation. Une note de la Maison Blanche suggérait que son visa pour les Etats Unis soit annulé, afin de prendre une «contre-mesure stratégique». Lennon fit appel et dut attendre trois ans et demi, pour finalement gagner la partie. On lui permit de rester sur le territoire américain à condition qu'il garde ses opinions pour lui. Désirant demeurer aux Etats-Unis, il se conforma à cette obligation.

A partir de ce moment-là, Lennon commença à vivre

comme un reclus. Mais d'autres aspects de sa vie connurent aussi un changement. En octobre 1975, Yoko donna naissance à leur fils, qu'ils nommèrent Sean. Tous les trois vivaient désormais à Manhattan, dans un environnement cossu, au sixième étage du Dakota, un immeuble d'appartements en co-propriété qui domine Central Park. Lennon passait ses journées à s'occuper de son fils, et il mettait des idées en musique pour sa prochaine réapparition dans les studios d'enregistrement, après plusieurs années de silence.

En 1979, John Lennon sortit *Double Fantasy*. Cet album, acclamé par la critique, reflète la paix intérieure et la satisfaction que son auteur venait de trouver dans sa vie. Des chansons telles que *Just Like Starting Over* étaient mélodieuses, spirituelles et, assurait-on, autobiographiques. Comme toujours, Yoko était en grande partie responsable de ce résultat. Sur la pochette de *Double Fantasy*, une photographie noir et blanc montre John et Yoko en train de s'embrasser.

En dépit de son attitude posée, Yoko était une instigatrice farouchement déterminée. Elle assistait son mari dans ses affaires et l'encourageait à investir dans des placements judicieux. Le couple se trouvait maintenant à la tête d'un gros portefeuille immobilier et surenchérissait sur chaque appartement mis en vente dans l'immeuble Dakota, allant jusqu'à offrir à chaque fois 30'000 dollars supplémentaires. John et Yoko auraient également acheté mille six cents acres dans le nord de l'état de New York, dans le but d'y créer un élevage de vaches hollandaises. Mais Yoko n'avait pas toujours de bonnes idées. Souhaitant introduire plus de spiritualité dans leur vie, elle fit venir du Japon une maison de thé ornementale, en pièces détachées. Quand John et elle voulurent la monter, la maison ne tenait pas dans leur appartement. Pourquoi n'avait-elle pas pensé à prendre les mesures avant? Cela reste un mystère.

Aux yeux de Mark Chapman, John Lennon était un traître. Selon Jon Wiener, auteur de *Come Together – John Lennon in his Time*, publié en 1984, Chapman avait «eu une impression d'intimité avec John, qui incarnait ses rêves, d'une façon dénaturée par sa psychose». Wiener faisait remarquer que le psychiatre désigné par le tribunal avait déclaré à la barre que Mark «idolâtrait, voire vénérait cet homme». Mais l'intimité est profondément menaçante chez les paranoïaques, et Mark en était un. Il décida que l'homme qui représentait ses vœux les plus chers l'avait trahi. Après avoir été l'icône révolutionnaire aux propos violents et aux tournures de phrases pleines d'esprit, John était devenu un pilier de la société établie, avec tous les pièges qui accompagnent ce statut: grosse fortune, environnement luxueux, famille charmante et tranquillité d'esprit. Mark trouvait aussi que sa musique ne valait plus rien. Les accents lyriques, agitateurs et propagandistes de la fin des années 60 étaient remplacés par des chansons sentimentales inspirées par la vie privée de Lennon, en particulier par son fils Sean. Du fond de sa dépression, Mark voyait en Lennon tout ce que lui-même et Holden Caulfield haïssaient. John était un «faux-jeton», «un charlatan», et pour cela, il devait mourir.

Le 23 octobre, Mark laissa son emploi de vigile; en pointant pour la dernière fois, il signa «John Lennon». A cette époque-là, ses problèmes d'argent semblaient résolus. Il avait vendu le tableau de Normal Rockwell pour 7500 $ et, grâce aux économies qu'il avait faites l'année précédente, il avait réussi à renverser la situation.

Le 27 octobre, il entra dans un magasin d'armes de Honolulu, où il dépensa 179 $ pour un revolver Charter, calibre 38 à canon court. Il n'acheta pas les balles chez ce marchand qui, par un fait du hasard plutôt ironique, s'appelait Ono. Mark craignait d'être arrêté si on le trouvait en possession d'une arme chargée. Il est probable que la police aurait tout autant pris au sérieux le fait qu'il possède une arme non chargée. Mais Mark se berçait facilement d'illusions, et cela ne lui vint pas à l'esprit. En rentrant chez lui, il annonça à Gloria qu'il partait pour New York. Comme à l'accoutumée, elle ne lui posa aucune question. Cependant, sa mère lui demanda s'il allait à New York pour faire «quelque chose de bizarre». Comme Gloria, elle avait constaté la détérioration de l'état mental de Mark au cours des mois précédents. Ignorant ses inquiétudes, Mark s'envola le 30 octobre pour New York, vers son destin. Avant de partir, il laissa un exemplaire de *L'Attrape-Cœurs* à sa femme en la priant de le lire. Il ajouta «Cela te permettra de mieux me comprendre». Mark descendit à l'hôtel Waldorf Astoria, à Manhattan, et se comporta pendant quelques jours comme n'importe quel touriste. Il rencontra plusieurs femmes, qu'il invita à dîner ou à prendre un verre. Il insinua plus d'une fois qu'il était quelqu'un d'important, et qu'un événement majeur allait se produire. Il passa aussi quelque temps à l'hôtel Olcott, situé à un demi bloc d'immeubles du Dakota. Le Dakota agissait sur lui comme un aimant. Il y allait tous les jours.

Lors de ses visites, il bavardait avec les gardiens, qui ne voyaient en lui qu'un des multiples fans inoffensifs de Lennon espérant apercevoir son idole.

En dépit de son quasi anonymat à Manhattan, le musicien avait attiré l'attention avec sa récente série d'enregistrements. Il était toujours considéré comme un membre du plus grand groupe de musique rock de tous les temps. La sortie de son nouvel album n'était pas passée

inaperçue, et avait attiré au Dakota ses anciens incondi-
tionnels, ainsi qu'une nouvelle génération d'admirateurs,
trop jeunes pour se souvenir des Beatles. Les gardiens
chevronnés qui travaillaient au Dakota faisaient partie
des plus discrets de la ville et refusèrent de dire à Mark si
John et Yoko se trouvaient dans l'immeuble.

Mark aurait-il pu tuer Lennon à l'occasion de cette première visite à New York ? Il est difficile de répondre à cette
question. Ce qui est certain, c'est qu'il rôda assez longtemps
autour du Dakota, mais il n'eut pas l'opportunité de mettre
son idée à exécution, à moins qu'il ne fût pas encore complètement décidé. De toute façon, une difficulté technique
se présentait : il n'avait toujours pas de balles.

Il partit pour Atlanta la seconde semaine de novembre
et séjourna chez son amie Dana Reeves, qui était alors
sheriff adjointe. Il lui raconta qu'il avait besoin de munitions
pour se protéger des agresseurs potentiels, à Manhattan,
et précisa qu'il les voulait puissantes. Accédant à sa
requête, Dana lui procura cinq cartouches à pointe creuse.
Sans se douter des intentions réelles de Mark, elle l'emmena
dans un bois voisin pour qu'il s'exerce au tir, et constata
qu'il faisait preuve de réelles dispositions. Mais s'il était
maintenant décidé à tuer John Lennon, il n'en souffla mot
à personne. « Il avait peut-être cette idée en tête, mais il
s'est très bien débrouillé pour la dissimuler », devait affirmer
Dana Reeves à un reporter du New York Magazine. « Il
était parfaitement maître de lui. Je l'ai retrouvé exactement
comme il était il y a cinq ans ».

Mark rendit visite à d'autres relations qu'il s'était faites
au YMCA. Toutes allaient dire au cours de leur témoignage
qu'elles avaient revu « le même Mark qu'avant ». Cependant, la véritable personnalité du « Mark d'avant » est difficile à définir : d'un abord amical, voire respectueux pour

ses vieux amis, d'une part; et d'autre part, tourmenté, constamment hanté par ses «petites gens», et influencé par un garçon imaginaire de 16 ans au point de croire qu'il était devenu l'incarnation vivante de Holden Caulfield.

Le 10 novembre, Mark emballa son revolver de calibre 38 cette fois avec les balles, avant de repartir pour New York. Ce soir-là, il alla voir *Des Gens comme les Autres*, le film le plus important de l'époque, qui avait gagné un oscar. Il raconte l'histoire d'une famille de riches Américains qui font le point sur leur vie après la mort par noyade de leur fils aîné. Tout de suite après avoir vu ce film, Mark téléphona à Gloria, à Honolulu. Dans une interview enregistrée peu de temps après son arrestation, il déclara:

«... Quelle expérience dans cette salle! Pour une raison ou pour une autre, quand j'ai appelé ma femme, j'avais vraiment vaincu ce volcan, je lui avais mis un couvercle. J'ai appelé Hawaï et j'ai dit: "je rentre à la maison, j'ai remporté une grande victoire. Ton amour m'a sauvé"».

Si Gloria s'est imaginé alors que son mari était guéri mentalement, son illusion a dû être de courte durée. Mark ajouta:

«Je lui ai dit que j'allais tuer quelqu'un, et j'ai murmuré – je me rappelle bien avoir murmuré dans le téléphone – John Lennon, je vais tuer John Lennon. Elle a dit: "Reviens", et je suis rentré.»

De retour à Honolulu, la santé mentale de Mark se détériora un peu plus. Il s'enfonça plus profondément dans ses fantasmes. Ses «petites gens» lui parlaient maintenant toutes les heures, et d'une manière pressante. Mark était torturé par le «charlatanisme» de John Lennon. Il se sentait bafoué, mais il pensait aussi que le chanteur avait trahi la terre entière. Il trouvait que Lennon, avec ses propriétés foncières et tout son argent, se comportait comme un seigneur féodal. Malgré cette détermination croissante à éliminer le chanteur, Mark donnait le change à son entourage, faisant croire qu'il allait mieux. Dans le cadre de cette tentative de guérison qu'il semblait s'imposer, mais qui était fictive, il prit rendez-vous à la clinique psychiatrique de Makiki pour le 26 novembre. Mais il ne s'y rendit pas.

Quelques jours plus tard, il dit au revoir à Gloria et à sa mère et il quitta Honolulu pour la dernière fois. Il est difficile de croire qu'aucune des deux femmes n'ait tenté quelque chose en voyant le comportement de Mark, et le danger auquel il risquait de s'exposer ou d'exposer les autres, surtout après les commentaires qu'il avait faits à Gloria après le film *Des Gens comme les Autres*.

Gloria avait cru que Mark était revenu définitivement à Honolulu. En le voyant repartir, elle avait dû avoir peur, ou peut-être était-elle trop soumise pour oser entreprendre quoi que ce soit contre son mari. Quant à la mère de Mark, elle en était arrivée à accepter ses étranges obsessions à propos de Lennon, et ses longues absences. Quoi qu'il en soit, elles n'essayèrent ni l'une ni l'autre de contacter la police ou un service médical. Elles considéraient que le fait de partir de chez soi n'était pas un acte criminel, et après tout, Mark avait acheté son revolver légalement. Cependant, bien que la santé mentale de Mark eût continué à se dégrader, il est clair que personne ne pouvait prévoir l'acte monstrueux qu'il allait commettre.

Le samedi 6 décembre 1980, Mark arriva à New York. Il raconta au chauffeur de taxi qu'il était ingénieur du son et qu'il avait réussi une grande carrière, qu'il venait de participer à une série d'enregistrements avec John Lennon et Paul McCartney. Ensuite, il se fit déposer à l'adresse du YMCA, dans le West Side, où il avait fait une brève visite lors de son dernier séjour. Bien qu'il eût sur lui plusieurs milliers de dollars, il était décidé à ne pas être à court d'argent avant que sa «mission» ne soit achevée.

Le YMCA se trouvait dans la 63ᵉ rue, juste après Central Park West, à neuf immeubles du Dakota.

En fin d'après-midi, ce même jour, Mark prit sous son bras l'album *Double Fantasy* et se dirigea vers l'immeuble Dakota, avec l'espoir d'apercevoir John Lennon. En attendant, il bavarda avec deux femmes, Jude Stein et Jerry Moll, qui lui apprirent que le chanteur s'arrêtait souvent pour parler avec elles. Mark leur proposa de les inviter à dîner si elles acceptaient de revenir plus tard au Dakota avec lui. La question resta en suspens. Les deux femmes ne s'engagèrent pas à passer la soirée en compagnie de ce fan de Lennon passablement exalté. Aux environs de 17 heures, Mark se découragea et s'éloigna de l'immeuble. Ironiquement, les deux femmes y retournèrent un quart d'heure après et échangèrent quelques mots avec le chanteur, qui sortait juste à ce moment-là.

Mark erra dans Manhattan avant de rentrer à l'auberge de jeunesse. Là, il entendit les ébats amoureux de deux homosexuels dans la chambre voisine, ce qui le perturba. Dans *L'Attrape-Cœurs*, Holden Caulfield vit la même expérience dans sa chambre d'hôtel, quand des «pervers» troublent son séjour. Cependant, alors que Holden est amusé par ce voisinage, Mark éprouva un sentiment de dégoût, et l'envie le prit d'aller dans la chambre d'à côté et de tirer sur ces deux hommes. Mais il réalisa que cela l'empêcherait de mener à bien sa mission. Afin d'échapper à ce qu'il considérait comme une nuisance, il quitta l'hôtel le mardi 7 décembre au matin, et descendit au Sheraton Center, situé à l'angle de la 7ᵉ Avenue et de la 52ᵉ Rue. Il passa près de 3 heures au pied du Dakota, mais sa patience fut inutile. En revenant au Sheraton, il aperçut la tête de Lennon sur la couverture de Play Boy. Il acheta le magazine, qui présentait une longue interview de John et de Yoko, la première que le couple accordait à la presse depuis de nombreuses années.

Tout ce que Mark y lut renforça son opinion sur John Lennon. L'homme qu'il avait tenu en si haute estime pendant son adolescence avait changé. John avait rejoint les rangs des nantis, il était devenu conformiste et faisait désormais partie des institutions en place. Il avait trahi, il était devenu un charlatan. Au cours de sa lecture, Mark fut frappé par un détail : John Lennon disait qu'il embauchait souvent des membres de son équipe parmi les centaines d'admirateurs qui hantaient les abords du Dakota. Mark vit là le moyen idéal pour se rapprocher de lui.

Dans sa chambre d'hôtel, Mark se sentait seul, confus au sujet de la vie, mais déterminé en ce qui concernait son objectif immédiat. Ses pensées se tournèrent vers Holden Caulfield. Qu'aurait-il fait à sa place ? Quand il vient à New York, le héros de *L'Attrape-Cœurs* fait monter une prostituée dans sa chambre d'hôtel. Mais au lieu de coucher avec elle, il discute avec jusque tard dans la nuit. Désirant prendre la bonne décision, celle que son modèle aurait prise, Mark téléphona de sa chambre et se fit envoyer une prostituée. Quand elle arriva, il se contenta de lui parler.

Le lendemain matin, le lundi 8 décembre 1980, Mark commença à se préparer, et composa un « autel » : il disposa en un demi-cercle parfait des objets qui symbolisaient la plupart des influences ayant engendré sa « mission » : son passeport, un enregistrement de Todd Rundgren, une photographie de lui-même entouré de quelques enfants réfugiés du Vietnam, et un poster de Dorothée et du lion peureux du Magicien d'Oz. Il devait déclarer plus tard qu'il avait mis l'enregistrement de Todd Rungren parce qu'il voulait être considéré comme le fan d'un vrai génie et non pas d'un charlatan comme John Lennon. Le dernier objet, de loin le plus étonnant, était la Bible, ouverte à la page de «L'Evangile selon Saint-Jean». Mark avait ajouté : Lennon.

En quittant le Sheraton, il s'était rendu compte qu'il n'avait pas emporté à New York sa «Bible» personnelle. Il était entré dans la première librairie et avait ratissé les étagères jusqu'à ce qu'il trouve L'*Attrape-Cœurs*. Maintenant, avec son revolver chargé dans la poche de sa veste et son disque Double Fantasy sous le bras, il sentait que tout était en place.

Mark Chapman arriva au Dakota avant l'heure du déjeuner. Il échangea quelques mots avec le gardien de l'immeuble, Patrick O'Loughlin, puis il s'appuya contre la rampe d'escalier et se remit à lire son livre pour la énième fois. Il s'absorba tellement dans sa lecture qu'il ne remarqua pas que John Lennon sortait d'un taxi et entrait dans l'immeuble. Quelques minutes après apparut Jude Stein, que Mark avait rencontrée le samedi précédent. Il lui offrit à déjeuner et elle lui raconta comment il avait manqué Lennon de quelques minutes, la dernière fois. Après deux ratés rapprochés, Mark était bien décidé à voir Lennon ce jour-là. Ils retournèrent vers le Dakota.

Quand ils l'atteignirent, une nounou en sortait, tenant par la main le petit Sean Lennon. Jude avait déjà eu l'occasion de le rencontrer ; elle le présenta à Mark, qui lui serra la main. Au procès, Mark devait déclarer :

«C'est le petit garçon le plus adorable que j'aie jamais vu. Il ne m'est pas venu à l'esprit que j'allais tuer le père de ce pauvre gamin et qu'il serait orphelin pour le restant de ses jours. Je veux dire que j'aime les enfants. Je suis L'*Attrape-Cœurs*.»

Vers 16 h 30, trois autres fans les rejoignirent devant le Dakota. Parmi eux se trouvait Paul Goresh, un photographe amateur familier de ce lieu. Mark engagea la conversation avec lui, et Goresh lui montra avec fierté l'album dans lequel Lennon avait mis son autographe.

Puis brusquement, comme par magie, Mark se retrouva devant l'homme qui avait été si longtemps son idole. Il était maintenant face à face avec son obsession. Il pensait à John Lennon chaque jour, depuis tant de semaines qu'il n'arrivait même plus à les compter. Et voilà qu'il était près de lui. John sortait du Dakota et se dirigeait vers une limousine dans laquelle Yoko et quelques membres de son équipe avaient déjà pris place. A ce moment-là, l'idée de tuer le chanteur ne traversa pas l'esprit de Mark. Pétrifié, il resta sans voix pendant que l'un des plus grands musiciens du monde, objet permanent de ses pensées, marchait dans sa direction. John Lennon en chair et en os, le leader radical de la culture des jeunes pendant les années 60, héros déclaré des classes laborieuses, marchait vers lui d'un pas souple. Incapable d'émettre le moindre mot, Mark lui tendit la pochette de *Double Fantasy*. Lennon sortit un stylo et signa en travers du titre : «John Lennon, décembre 1980.»

En 1981, dans une interview dirigée par Adrian Wecer à la Prison de Fishkill, Mark se remémora leur bref échange :

«John m'a dit : " bien sûr ", et il a écrit son nom. En me rendant la pochette, il m'a regardé en hochant légèrement la tête. " C'est tout ce que vous voulez? " Comme... juste comme ça, comme si c'était une enquête sur n'importe quel sujet, et j'ai répondu : " Ouais, merci, John ". Il a répété : " C'est tout ce que vous voulez? ", il me l'a demandé deux fois et j'ai répondu : " Ouais, merci, c'est tout ", ou quelque chose comme ça. Après, il est monté en voiture et il est parti.»

D'autres rapports, non confirmés, prétendent que Chapman, espérant se faire embaucher, affronta Lennon juste avant que le chanteur ne monte en voiture, et que Lennon lui aurait dit d'envoyer son curriculum vitæ. Quoi qu'il en soit, il est certain qu'ils se sont rencontrés. Paul Goresh attendait avec son appareil photo et capta l'une des images les plus obsédantes de toute l'histoire de la photographie : John Lennon en train de donner un autographe à celui qui allait bientôt être son assassin, souriant près de lui.

Mark avait l'esprit plus confus que jamais. John Lennon l'avait subjugué par sa sincérité et sa générosité. Si l'annonce informelle d'un emploi avait été vraie, Mark aurait peut-être réellement cru qu'il pouvait travailler pour lui et se rapprocher encore plus de sa proie. Mais pourquoi ne l'a-t-il pas tué lors de cette première rencontre ? Selon ses propres dires, Mark Chapman était frappé de stupeur, et il « savait que ce n'était pas le bon moment pour accomplir sa mission ».

Mark offrit 50 $ à Goresh pour la photographie. La nuit tombait. A 20 heures, la plupart des groupies s'étaient éloignés du Dakota. Du noyau dur ne restaient plus que Paul Goresh et Mark. Celui-ci essaya de persuader le photographe de rester, mais Goresh savait que John et son équipe étaient partis au studio d'enregistrement et qu'ils ne seraient pas de retour avant plusieurs heures. Il s'en alla quelques minutes après vingt heures, non sans avoir promis à Mark qu'il serait là le lendemain avec le cliché. Pendant les trois heures qui suivirent, Mark traîna autour du Dakota en lisant « L'Attrape-Cœurs », et en échangeant quelques mots avec le gardien, José Perdomo. à 22 h 50, une limousine se gara devant l'immeuble. Yoko en descendit la première. Puis Mark vit John. Le moment était venu, tout au fond de Mark, les forces du Bien et du Mal, Dieu et le Diable, se livraient une bataille acharnée, chacun voulant triompher de l'autre. Lennon s'approchait

maintenant de la porte du Dakota. Il passa devant Mark...
trop tard, Mark avait raté l'occasion. Mais une force puissante s'empara alors de lui.

Dans une déclaration faite au commissariat après son arrestation, Chapman dit:

«Il est passé devant moi et c'est là que j'ai entendu dans ma tête: " Vas-y, fais-le, fais-le "... et ça recommençait sans arrêt, sans arrêt.»

Alors que John Lennon atteignait la sécurité relative de la porte du Dakota, Mark cria:

– Monsieur Lennon!

Lennon se tourna vers lui. Mark se mit en position de tir et le visa avec son 38. Quand John fit demi-tour et essaya de s'enfuir, Mark appuya sur la gâchette et lui déchargea quatre des cinq balles à pointe creuse dans le corps. Le chanteur ne s'écroula pas immédiatement. Il réussit à faire quelques pas chancelants avant de tomber et de mourir, tout près du bureau de la sécurité, à l'entrée de l'immeuble.

José Perdomo, le gardien du Dakota, arracha le revolver des mains de Mark et l'éloigna d'un coup de pied. Il se mit à hurler: «Savez-vous ce que vous avez fait?». Mark semblait avoir tout oublié. Il ôta son chapeau et son manteau pour que les forces de l'ordre – il était conscient du fait qu'elles allaient venir – ne croient pas qu'il cachait une arme. Il ne chercha pas à s'enfuir, mais il se mit à marcher de long en large sur le trottoir en lisant *L'Attrape-Cœurs*.

Les policiers furent sur place en quelques minutes. Perdomo leur indiqua Chapman. Ils le fouillèrent et lui passèrent les menottes avant de l'emmener. La nouvelle se répandit comme une traînée de poudre. En moins d'une heure, la foule se rassembla devant le Dakota. à une heure du matin, elle comptait un millier de personnes en deuil, notamment des hippies qui avaient pris de l'âge, certains portant des bougies allumées, d'autres des photographies de Lennon décédé. Son corps avait été transporté à l'hôpital St Lukes-Roosevelt, où un autre rassemblement s'était formé. Yoko pria les médecins d'attendre pour annoncer la mort de son mari. Elle ne voulait pas que Sean l'apprenne par la radio (pourquoi un enfant de 5 ans aurait-il écouté la radio à 2 h du matin, cela reste une question ouverte).

Les gens se rassemblaient d'un bout à l'autre du pays. Par voie électronique, la nouvelle se répandit encore plus vite. A Los Angeles, sur la côte Ouest, l'heure de la mort de John Lennon correspondait aux heures de pointe. A 8 h, à Century City, plus de deux milles personnes s'étaient réunies pour une veille aux chandelles. Les jours suivants furent une période de deuil et de commémoration pour la famille et pour les fans de John Lennon. L'horreur que la mort du musicien provoqua dans le public fut comparable aux sentiments soulevés par l'assassinat de John F Kennedy, dix-sept ans auparavant. Les légions d'adorateurs de Lennon le vénéraient comme un prince ou un empereur, voyaient dans ses œuvres des chants sacrés. Dans l'Utah, un homme de 31 ans se suicida après avoir écrit que la disparition de Lennon lui avait ôté l'envie de vivre.

Presque instantanément, l'assassinat de John Lennon réhabilita sa veuve aux yeux du public. Jusqu'alors considérée comme une nouvelle venue autoritaire qui avait éloigné John de ses admirateurs, Yoko était désormais prise en pitié et admirée. Ce n'était plus un monstre en travers du chemin, mais une femme qui restait «sereine» et «digne» dans la douleur. Vingt-quatre heures après la mort de John, elle demanda au public d'observer «une minute de silence» en sa mémoire. Cet hommage, prévu pour 14 h le 14 décembre, soit le dimanche qui suivit le jour du meurtre, fut unanimement rendu.

Les gros titres des journaux étaient en deuil. Toutes les radios du monde observèrent la minute de silence. Dans toutes les villes, de Sydney à Paris, des milliers de personnes manifestèrent silencieusement, et respectueusement pour la plupart. C'est à New York qu'elles furent le plus nombreuses : partagées entre la honte et la douleur, cent mille admirateurs se réunirent dans Central Park pour pleurer la mort de Lennon. Les New Yorkais avaient le sentiment accablant que le chanteur avait choisi leur ville pour y vivre, et qu'au lieu de cela, il y avait trouvé la mort. A Manhattan, le maire, Ed Koch, fit mettre les drapeaux en berne. Le monde entier déplorait la disparition d'un génie de cette génération.

Mark Chapman, lui, s'était assuré une célébrité éternelle. Cela faisait sans doute partie du plan qu'il avait toujours eu en tête, peut-être même depuis l'époque où il était au YMCA, des années auparavant. Il venait de devenir le centre d'intérêt du monde entier, et il se délectait sous les projecteurs. En l'interrogeant, le commissaire comprit très vite qu'il n'avait pas affaire à un tueur à gages. Très calme, Chapman adopta une attitude composée pendant tout l'interrogatoire. Sa première déclaration à la police porta sur des faits, mais elle fit aussi référence à son alter ego :

«Ce matin, je suis allé à la librairie et j'ai acheté *L'Attrape-Cœurs*. Je suis sûr que la plus grande part de moi est Holden Caulfield... la petite part doit être le diable. Je suis allé vers l'immeuble. Il s'appelle le Dakota. J'ai attendu qu'il arrive et je lui ai demandé de signer mon album. A ce moment-là, la plus grande partie a gagné, et j'ai voulu rentrer à mon hôtel, mais je n'ai pas pu. J'ai attendu qu'il revienne...

» Il est arrivé en voiture. Yoko est sortie la première, et je lui ai dit bonsoir, je ne voulais pas lui faire de mal.

Ensuite John est descendu et il m'a regardé. J'ai sorti le revolver de la poche de ma veste et je lui ai tiré dessus. Je n'arrivais pas à croire que j'avais pu le faire. Je suis resté sans bouger, en serrant le livre contre moi. Je n'avais pas envie de m'enfuir. Je ne sais pas où est passé le revolver. Je me souviens que José lui a donné un coup de pied. José pleurait, il me suppliait de partir. J'étais désolé pour lui. Ensuite les policiers sont arrivés et ils m'ont dit de mettre mes mains contre le mur, et ils m'ont passé les menottes.»

A une heure du matin, sa déclaration à la police s'était étendue:

«... et je ne ferai pas appel, quelle que soit la décision du jury. S'il décide de me laisser en prison, je ne ferai pas appel, et je ne le ferai jamais. J'aimerais avoir l'occasion de présenter mes excuses à Mrs Lennon.

» Je veux encore dire autre chose. Je sens que maintenant, je ne vois plus John Lennon comme une célébrité. Avant, je le voyais comme ça, comme un découpage en carton sur une pochette de disque. J'étais très jeune, et stupide, et j'étais emballé par les médias, les disques, la musique. Maintenant, je ... je viens de comprendre que John Lennon était une personne. Cela n'a rien à voir avec le fait d'être un Beatles ou une célébrité quelconque. Il respirait, et je l'ai buté, et à cause de ça, j'ai l'impression que je n'ai pas le droit d'être vivant ici, vous savez, ni de demander quoi que ce soit. Je n'ai aucun argument qui tienne debout, parce que lui, je l'ai saigné à mort pour qu'il ne tienne plus jamais debout. Et je suis désolé que cela soit arrivé.»

Chapman fut accusé d'homicide involontaire et interné à l'hôpital Bellevue pour y subir des examens psychiatriques. Le public devint haineux envers lui. Mark Chapman reçut de nombreuses menaces de mort. A l'hôpital, ses fenêtres furent peintes en noir après qu'un coup de téléphone anonyme eut annoncé qu'il allait être tué par un tireur d'élite. Il fut transféré ensuite vers la sécurité relative de la prison de Rikers Island. Les psychiatres lui firent subir d'autres tests, pour savoir s'il serait capable d'être jugé. Pendant les tests, il décrivit ses relations avec Holden Caulfield et les «petites gens» dans sa tête. Il parla de tous ceux auxquels, outre Lennon, il avait pensé en tant que cibles potentielles. Malgré ses divagations, les médecins conclurent qu'il pouvait se présenter au procès, bien qu'il fût en proie aux pires fantasmes.

En janvier 1981, Chapman annonça au psychologue Milton Kline qu'il se servirait de ce procès pour promouvoir *L'Attrape-Cœurs*.

«Tout le monde va lire ce livre... avec l'aide des médias aussi puissants que Dieu... Il faudra publier une édition de luxe!»

Un beau jour, il annonça de but en blanc à ses avocats qu'il avait l'intention de plaider coupable. Ils avaient envisagé de fonder leur défense sur le fait qu'il plaiderait non coupable, ce qui leur aurait permis de faire valoir sa responsabilité limitée. Mais Mark affirma qu'il s'agissait d'une intervention divine. Au tribunal, quand le juge lui demanda s'il était coupable, il répondit: «Oui, votre honneur, c'était ma décision et la décision de Dieu.»

Le juge accepta qu'il plaide coupable d'homicide sans préméditation. Le 24 août 1981, il demanda une peine allant de vingt ans de prison à la réclusion à perpétuité. Il stipula aussi que Chapman n'aurait pas droit à la liberté conditionnelle avant le tournant du siècle.

Mark est désormais pensionnaire de la célèbre Attica Correctional Institution dans l'Etat de New York. Il semble être un prisonnier modèle.

Il a réussi à ne pas avoir d'histoires, et il a même laissé ses obsessions derrière lui.

Gloria s'envole de Hawaï tous les trois mois pour lui rendre visite. Avec les centaines de lettres qu'il reçoit chaque année, Mark Champan reste l'un des prisonniers les plus célèbres du système pénitencier américain. La première fois qu'il fut question de le mettre en liberté conditionnelle, lors d'audience en l'an 2000, plusieurs milliers de personnes protestèrent en lançant une pétition mondiale sur Internet. La seconde fois, en 2002, la liberté lui fût déniée. La commission déclara que s'il laissait sortir Mark D. Chapman, l'importance de son crime serait diminuée. Reconnaissant qu'il avait un comportement «acceptable» en prison, ils ajoutèrent que cela ne garantissait pas que Mark Chapman soit inoffensif pour la société.

Le choc provoqué dans le monde entier par l'assassinat de John Lennon empêcha de réaliser tout de suite qu'il s'agissait du premier cas notoire de harcèlement mortel de stars.

Le harcèlement des personnages politiques, qui dans certains cas va jusqu'au meurtre, était devenu un risque du métier depuis l'assassinat du Président Abraham Lincoln en 1865. Pour la première fois, le meurtre de Lennon mettait en lumière le fait que les stars ayant une ascendance sur une partie de leur public couraient les mêmes dangers. L'assassinat de Lennon a prouvé que lorsque l'adoration des fans tourne à l'obsession, la frontière qui sépare l'admiration de la haine devient extrêmement ténue, et laisse passer tous les périls. En proie à ses obsessions, Chapman croyait avoir une relation très particulière avec John Lennon. A une certaine époque, il aurait fait n'importe quoi pour lui.

Ce qui l'avait propulsé à l'autre extrémité, c'était

d'avoir cru que son idole l'avait irrévocablement trahi. Cette idée, liée à son état mental dominé par les fantasmes, et à plusieurs forces extérieures telles que sa relation avec son alter ego et avec Holden Caulfield, le héros de J. D. Salinger, le poussa vers l'immeuble Dakota, le 8 décembre 1980. Ce jour-là, quand Chapman appuya sur la gâchette, le phénomène de harcèlement des stars venait de naître.

CHAPITRE II

JE SUIS VOTRE PLUS GRAND ADMIRATEUR

L'obsession amoureuse est un état dans lequel celui qui harcèle ne connaît presque jamais sa victime, si ce n'est par le biais des médias. Selon Zona, Sharma et Lane, «nombreux sont ceux qui ont l'illusion d'être aimés par leur victime». La plupart du temps, l'obsession n'est autre qu'un cas aigu d'adoration. Mais, quand l'adoration se transforme en fixation accompagnée de fantasmes obsessionnels, couve alors un énorme potentiel de tragédie.

Les cinéastes ne sont pas tous célèbres. Ils gagnent certainement autant d'argent que les stars et font eux aussi partie de la jet-set, mais ils ont rarement la même puissance d'attraction. Cependant, il arrive de plus en plus souvent, comme pour les managers de clubs de football, que les réalisateurs de cinéma soient classés dans la même catégorie que les stars et les footballeurs eux-mêmes. Ils imposent le même respect et offrent le même degré d'attirance. C'est le cas de Steven Spielberg. Sur dix personnes à qui l'on demande : «Quel est le réalisateur le plus célèbre au monde?», neuf vont le nommer. Fils d'immigrés juifs, Spielberg est né dans l'Ohio. Il est sans aucun doute l'un des réalisateurs les plus prolifiques qui soient, et il a réussi une immense carrière en tant que pionnier du cinéma futuriste. La majorité des cinéastes se contentent de visionner les images et les histoires qu'ils ont créées, et laissent aux acteurs le soin de faire les discours à leur place ; dans de nombreux cas, ils s'attribuent tout le mérite. Spielberg est l'une des rares exceptions à cette règle. Né le 18 décembre 1947 à Cincinnati, Steven est l'aîné, et le seul garçon, de quatre enfants. Son père, Arnold Spielberg, était ingénieur électronicien ; il a participé au développement des premiers ordinateurs. Sa mère, Leah Adler, est une ancienne pianiste. En fait, Steven regardait beaucoup trop la télévision. Influencé par ce tout nouveau moyen de distraction, ainsi que par les films qu'il voyait, il était encore très jeune lorsqu'il commença à se servir de la caméra 8 mm de son père pour tourner ses propres courts métrages.

En 1954, la famille s'installa dans l'Arizona, où Arnold avait trouvé un nouvel emploi. Ils prirent une maison à Scottsdale, un quartier de la classe moyenne qui n'était rien de plus, à cette époque, qu'une banlieue de Phœnix. En déménageant, Spielberg s'éloigna de ses premiers copains, qu'il laissait dans le mid-ouest. Il dut s'en faire de nouveaux dans l'Arizona.

Il fréquenta le lycée Arcadia à Scottsdale, où il put éviter le monde universitaire et le sport, mais il devint boy scout, apprit à jouer de la clarinette et s'enrôla dans l'orchestre de l'école. Pour se faire de nouveaux amis, il présenta des spectacles de marionnettes. A l'adolescence, il subit deux influences primordiales : le cinéma et le judaïsme.

En 1959, selon la tradition juive, le jeune Spielberg, âgé de 13 ans, célébra sa Bar Mitzvah. La cérémonie, avec ses rites, marque le passage de l'adolescence à l'âge adulte. Mais avant d'en arriver là, Steven dut étudier l'histoire et la religion juives, en particulier tout ce qui touchait aux persécutions et à l'holocauste. Tout en ancrant profondément en lui le sens de son identité, ces études furent une source d'inspiration pour son œuvre à venir.

C'est sur les murs du Musée de l'holocauste, à Washington DC, que l'on trouve la représentation publique la plus significative de son engagement judaïque. Ce musée, qui abrite plusieurs expositions sur la «Shoah», mot hébreu désignant l'holocauste, a pu être créé grâce aux nombreuses donations du public et aux dons provenant de riches familles juives. Quatre grandes plaques de marbre de plus de six mètres de hauteur dominent le hall d'entrée. Sur trois d'entre elles sont inscrits, en listes serrées, les noms des donateurs. La donation minimum est évaluée à deux cent cinquante mille dollars. La quatrième plaque, avec son inscription austère, offre un contraste saisissant: «A mes parents, Steven Spielberg». On ne peut qu'imaginer l'importance de la donation qui a permis la simplicité de ce message.

Steven Spielberg connut très vite le succès en tant que réalisateur. A 12 ans, il tourna son premier film avec scénario et acteurs, et à 13 ans, il gagna un concours avec son film de 40 minutes: *Escape to Nowhere*.

En 1963, il commença son premier long métrage, un film de science-fiction intitulé Firelight.

Dès qu'il avait un moment libre, il s'attelait à ce projet, dont rien ne pouvait le détourner. Il reçut une aide de son collège pour le son. La musique fut enregistrée par l'orchestre du collège. La projection de Firelight dans le cinéma du quartier lui apporta son premier grand succès.

Quand Steven eut atteint 16 ans, son père fut engagé

chez IBM à Saratoga, près de San Francisco, en Californie. La famille déménagea encore. Un peu plus tard, ses
parents divorcèrent. La même année, Steven partit à Los
Angeles pour rendre visite à son oncle. Ce qui le tentait le
plus était d'aller visiter les studios d'Hollywood, et cet été-
là, il n'eut de cesse que son oncle l'y emmène. Il prit même
un bus qui faisait faire le tour des maisons des stars. Pour
le jeune Spielberg, les studios étaient des lieux excitants,
mystérieux, des lieux d'aventure pleins de promesses.

Après l'été, il retourna à Saratoga et au collège. Au
cours des années suivantes, il ne rata jamais une occasion
de se rendre à Los Angeles, où il montra son catalogue de
films, qui prenait de l'ampleur. Mais personne ne s'y
intéressa, ce qui, au fond, n'a rien d'étonnant.

Pendant toute la durée de ses études secondaires, il
concentra ses efforts, en dehors de ses études, sur la
réalisation de films. A la fin des années 60, en Californie,
toutes les disciplines artistiques avaient le vent en poupe.
Les cinéastes amateurs étaient encouragés par certains
de leurs professeurs et par d'autres enthousiastes. C'est
ainsi que de nombreux étudiants se lancèrent dans des co-
productions avec le réalisateur en herbe qu'était alors
Steven Spielberg.

A cette époque, les films d'étudiants en étaient à leurs
balbutiements, et les options permettant de suivre des
cours à plein temps dans cette discipline étaient limitées.
Steven décida d'entrer à l'Université d'Etat de Californie
pour étudier la littérature anglaise, et il passa la licence
en 1970. Cependant, le trait dominant de sa biographie
reste le fait qu'en arrivant à la fin de ses études, il avait
déjà tourné huit films amateur.

La chance lui sourit vraiment le jour où son court
métrage *Amblin* fut lauréat du Festival du Film d'Atlanta.

La belle publicité qui s'ensuivit lui servit de tremplin, et il se vit offrir par les Studios Universal un poste de à la télévision. Au cours des années 60, plusieurs grands studios avaient diversifié leurs productions en se tournant vers le petit écran, qui était en plein essor. Les Studios Universal avaient déjà une longue liste de séries à succès pour la télévision. Spielberg sauta sur cette occasion de passer derrière la caméra. Il remporta son premier succès notoire en dirigeant la légendaire Joan Crawford dans un film télévisé : *Night Gallery*. Il dirigea aussi plusieurs épisodes de deux des feuilletons les plus populaires des années 70 : Columbo et Marcus Welby, MD. Il tourna également quelques films, dont *Duel*, qui fut acclamé par la critique et diffusé dans les cinémas d'Europe.

En 1974, *Sugarland Express*, son premier grand film pour les Studios Universal, fut accueilli comme un début acceptable, mais il ne fit pas un grand nombre d'entrées. Heureusement, Spielberg venait juste d'acheter à Peter Benchley les droits du best-seller *Les Dents de la Mer*, et il était prêt à diriger le film éponyme.

La production de ce film fut si compliquée à monter que Spielberg faillit être remplacé à son poste de réalisateur. Aux problèmes de budget et de météorologie s'ajoutèrent des difficultés avec les effets spéciaux et l'équipe du tournage. Mais en dépit de ces gros obstacles, *Les Dents de la Mer* remporta trois oscars, dont celui du meilleur film, et il fait partie des films les plus célèbres de tous les temps. Spielberg fut catapulté au rang des meilleurs cinéastes et devint du jour au lendemain une grande valeur hollywoodienne.

Pour son projet suivant, *Rencontres du Troisième Type*, en 1977, il travailla avec son ami George Lucas. L'amitié entre Lucas et Spielberg s'était développée au fil des ans, alors qu'ils réalisaient ensemble la très populaire trilogie

Indiana Jones. La réputation et la célébrité de Spielberg continuèrent à croître. En 1982, il produisit et dirigea *E.T. l'Extra-Terrestre*. Acclamé par la critique, ce film remporta un nombre impressionnant d'oscars et battit tous les records d'entrées.

Simultanément, la vie privée de Spielberg prenait elle aussi un nouveau tournant. En 1979, il rencontra l'actrice Amy Irwing. Ils se marièrent peu de temps après.

Les Spielberg faisaient désormais partie de la dynastie d'Hollywood. Mais avec la célébrité, Steven connut bientôt le revers de la médaille. Pour la première fois, on le reconnaissait constamment dans la rue. Il avait toujours droit aux meilleures tables quand il allait au restaurant, et à tous les égards quand il se rendait aux soirées réunissant les personnages de marque. Il commença à recevoir du courrier de ses fans, accompagnées inévitablement de lettres désagréables, voire haineuses. Sur dix personnes qui lui écrivaient pour lui dire qu'elles l'aimaient, lui et son œuvre, il y en avait toujours une qui lui envoyait des lettres de haine, ou une requête. Il ressentit le besoin de plus en plus intense de protéger sa vie privée et, pour la première fois, il engagea du personnel de sécurité pour son domicile et les lieux de tournage.

En 1984, sa vie privée connut encore un changement. Alors qu'il auditionnait des actrices pour *Indiana Jones et le Temple maudit*, il rencontra Kate Capshaw. Elle reçut le principal rôle féminin, avec Harrison Ford pour partenaire. Kate était mariée avec Robert Capshaw, dont elle avait eu une fille. L'attirance mutuelle entre elle et Spielberg fut instantanée, et la relation qui s'ensuivit aboutit à leurs divorces respectifs. Spielberg se sépara d'Amy en 1989, et deux ans après, il épousa Kate, qui venait de divorcer. Avant de se marier, elle se convertit au judaïsme, et confirma ainsi le profond engagement de Spielberg dans sa religion, ainsi que leur engagement mutuel dans leur relation.

Spielberg attaqua les années 90 avec deux succès immenses. *Jurassic Park* battit les records d'entrées, et fut considéré comme le meilleur film à effets spéciaux. Quant à *La Liste de Schindler*, ce film fut planifié pendant dix ans avant d'être réalisé. Basé sur le livre de Thomas Keneally, *Schindler's Ark*, il raconte l'histoire d'Oscar Schindler, un industriel qui risqua sa vie et sa fortune pour sauver des juifs de la chambre à gaz. Ce film en noir et blanc, d'une durée de 3 h, fut un énorme succès et valut à Spielberg son premier oscar en tant que meilleur réalisateur.

En 1994, Spielberg acheva un vieux rêve en créant les *Studios Dreamworks* SKG, avec David Geffen et Jeffrey Katzenberg. Créés pour rivaliser avec les plus grands studios, ils confirmèrent le statut de Spielberg parmi les plus puissantes personnalités de Hollywood.

Vers le milieu des années 90, la réussite de Spielberg était à son apogée, et sa famille s'était élargie. Elle comprenait maintenant Max (le fils qu'il avait eu avec Amy), Sasha, Sawyer, deux filles adoptées : Théo et Mikhela, Jessica, sa belle-fille, et Destry-Allyn. Le couple avait emménagé dans une nouvelle maison, sur Amalfi Drive à Pacific Palisades, dans la banlieue chic de Los Angeles. La maison se trouve sur une belle avenue bordée d'arbres de plusieurs espèces, à l'abri d'un haut mur et de portails impressionnants. C'est l'un des quartiers les plus protégés de la banlieue de Los Angeles, et les caméras de sécurité omniprésentes sont doublées de patrouilles de police. Les Spielberg n'ayant pas un style de vie ostentatoire, peu de gens les reconnaissaient quand ils partaient pour leur journée de travail. Aux yeux de ceux qui les remarquaient, leur discrétion en matière de sécurité personnelle ne les différenciait pas du voisinage. Tous ceux qui tentaient de s'introduire dans la propriété étaient poliment, mais fermement refoulés. Steven Spielberg était peut-être devenu le réalisateur de cinéma favori de l'Amérique, mais il connaissait les dangers liés à ce genre de célébrité. Il fit en sorte que ni sa famille ni lui ne deviennent les cibles faciles à d'éventuels maniaques.

En 1997, Spielberg était prêt à s'embarquer pour son projet le plus ambitieux : *Il faut sauver le Soldat Ryan*. C'est l'histoire de huit soldats qui partent chercher le dernier survivant de quatre fils d'une même famille, envoyés en Europe pendant la Seconde Guerre Mondiale. Avec Tom Hanks et Matt Damon dans les principaux rôles, ce film a fait des entrées mirobolantes jusqu'à présent, d'un montant de quatre cent soixante millions de dollars.

Le 20 juin 1997, les Spielberg partirent pour la côte sud-est de l'Irlande, dans le but d'y tourner la scène du débarquement du Jour J, sur la plage de Curracloe, dans le comté de Wexford. Leur maison d'Amalfi Drive allait être vide pendant la plus grande partie de l'été, mais la présence des services de sécurité serait assurée 24 h sur 24. C'est une pratique courante chez les riches personnalités d'Hollywood. Outre ceux qui font le tour des villas des vedettes en car, de nombreux curieux s'y rendent par leurs propres moyens dans l'espoir d'apercevoir leurs idoles et de voir leur maison. Il arrive parfois que quelques fanatiques tentent de regarder dans le jardin, ou de s'approcher encore plus près de leur demeure.

Stephen Lopez faisait le planton devant le 1515 Amalfi Drive pour décourager ceux qui se montraient un peu trop audacieux. Lopez était officier de police au commissariat de Los Angeles, et assigné à la brigade des mœurs. Comme beaucoup de ses collègues, il travaillait aussi à temps partiel pour la société Berman & Ely, qui proposait ses services de protection et de sécurité aux résidents les plus importants de Los Angeles, dont Spielberg et sa famille faisaient partie. Les agents de cette société filtraient tous les colis qui arrivaient, ainsi que les personnes qui essayaient d'entrer dans les propriétés. Lopez travaillait pour Spielberg depuis une dizaine d'années.

Le 29 juin, armé et vêtu en civil, Lopez faisait sa ronde du soir devant la villa. Juste avant 18 h, il remarqua une jeep blanche qui venait de se garer devant le portail. Il trouva cela un peu bizarre. Il était courant que les touristes achètent une «carte de villas des stars» pour localiser celle de Spielberg, indiquée sur la plupart d'entre elles. Mais en général, ils passaient devant en roulant au pas et en se penchant pour essayer d'en voir le plus possible. Parfois, l'un d'eux descendait de voiture pour prendre un cliché à travers les barreaux de la grille. Il arrivait aussi que de plus hardis demandent à parler à Spielberg ou essaient de lui laisser un scénario. Mais cet individu-là ne faisait rien de tel.

Il se gara le long du trottoir et se dirigea vers l'interphone par lequel il pouvait s'adresser au bureau de sécurité. Il prétendit venir «voir M. Spielberg». Lopez savait qu'aucune visite n'était attendue, l'équipe de sécurité ayant reçu la liste des habitués. De toute façon, Spielberg se trouvait alors en Irlande. Cette requête, bien qu'elle ne fût pas inhabituelle de la part d'un touriste, fit dresser l'oreille à Lopez. L'homme se présenta sous le nom de Jonathan Norman et ajouta qu'il travaillait pour M. Geffen. Il dit à Lopez qu'il voulait «aller dans sa maison (celle de Spielberg), frapper à la porte et demander à le voir». Quand Lopez le pria de partir, Norman parut troublé. Le détective resta ferme, et Norman finit par comprendre qu'il ne rentrerait pas et qu'il valait mieux qu'il s'en aille.

Depuis dix ans qu'il travaillait pour Spielberg, Lopez n'avait jamais été témoin de ce genre d'incident. Contrairement à son habitude, il le consigna dans son carnet, avec quelques détails sur Norman. Il avait le sentiment que ce visiteur-là était différent des autres.

Pendant la plus grande partie de sa vie, Jonathan Norman n'avait jamais été considéré comme un être différent, bien au contraire. Né en 1967 A Salt Lake City, dans l'Utah, Jonathan et sa famille étaient aussi réservés et conservateurs que la plupart des habitants de cet Etat, qui figure parmi les plus conservateurs des Etats-Unis. Sa famille étant aisée, il n'avait jamais connu de problèmes d'argent. Jonathan fut un enfant modèle, sportif, puis un étudiant assidu. Tout, dans sa vie, paraissait normal, jusqu'à ce qu'un beau jour, son père «fiche le camp». Selon la description de John Lawson, l'avocat commis d'office de Norman, sa mère était «une femme équilibrée», qui avait fait l'impossible pour que sa famille reste unie après le départ de son mari. La vie agitée du père de Jonathan, puis son départ définitif provoquèrent chez le jeune homme un profond ressentiment. Selon Lawson: «... son père était tout simplement absent. Il voyageait constamment et n'était jamais à la maison. Il instilla chez Jonathan le besoin désespéré d'une présence paternelle.»

Un incident particulier qui, plus tard, devait être mis au grand jour, montre bien les difficultés comportementales que Jonathan a rencontrées à cause de ses problèmes familiaux. Il se rendit un jour avec un ami dans un magasin *Seven Eleven* de Salt Lake City. Alors qu'ils repartaient en voiture, il vit un homme assis à l'extérieur. Il arrêta son véhicule et bondit vers l'inconnu. Sans lui dire un mot, et sans qu'il ait eu la moindre provocation, il se jeta sur lui et le roua de coups. Cet incident se produisit au moment où sa famille traversait ses plus pénibles épreuves.

Dès qu'il fut assez grand, Jonathan partit en Californie pour échapper à l'environnement étouffant de Salt Lake City et au climat de sa vie familiale. Particulièrement intéressé par l'industrie du spectacle, il avait envie de devenir acteur. Et pour cela, il fallait se trouver à Hollywood. Dans cette ville, il pouvait en outre explorer plus librement et ouvertement les tendances bisexuelles qui se développaient en lui. Comme la plupart des acteurs aspirants, il fit plusieurs petits boulots mal payés en complément des rôles modestes qu'il pouvait trouver. Il s'adonna aussi à la musculature, en partie pour rester en forme et pouvoir répondre à n'importe quelle opportunité qui pouvait se présenter à lui au cinéma, et en partie pour le seul plaisir d'avoir un corps d'athlète, ce qui est très prisé par certains homosexuels. Il prit surtout les emplois pour lesquels sa force physique était un atout et, pendant quelque temps, il fut assistant dans une agence de casting. En faisant ce travail, il se sentait proche de l'industrie cinématographique, et il pensait pouvoir être le premier informé des rôles qui se présenteraient. Mais cette stratégie ne semble pas avoir donné les résultats escomptés. Il semble n'avoir obtenu qu'un rôle publicitaire, ce qui a formé l'essentiel de sa carrière d'acteur.

Pendant un certain temps, Norman changea fréquemment d'emploi, puis il se livra à la drogue, notamment aux mésamphétamines, et mena une vie dissolue. Sa carrière cinématographique avait lamentablement échoué. Sur le plan affectif, il éprouvait encore un grand ressentiment envers son père, qui l'avait abandonné, et il est très possible que son état d'esprit ait été exacerbé par la drogue. C'est probablement à ce moment-là qu'il commença à s'intéresser à Spielberg et à tomber dans l'obsession de le rencontrer, car il avait une idée fixe : trouver un père. Il pensait que les deux hommes avaient de nombreux points communs.

Apparemment, Jonathan considérait Spielberg comme un père de substitution. Dans l'Utah, le père de Norman avait été quelqu'un d'important, qui s'investissait profondément dans la politique et dans des affaires financières de haut vol.

En termes hollywoodiens, et à une plus grande échelle, Norman voyait Spielberg sous le même éclairage. Les *Studios Dreamworks* SKG, et plus particulièrement leurs principaux membres, Spielberg, Katzenberg et Geffen, étaient des personnages extrêmement puissants à Hollywood. Dans l'esprit confus de Norman, Spielberg formait une image du père très attirante.

La visite de Jonathan Norman, le 29 juin, ne fut que le début d'une campagne de harcèlement contre Steven Spielberg. Nancy et Perry Altshule vivaient aussi dans Amalfi Drive, à quelques pâtés de maison de la résidence du réalisateur. Un matin, Nancy fut réveillée par une femme qui criait : «Sortez de mon jardin !». Encore dans les brumes du sommeil, Nancy crut que la personne qui devait nettoyer sa piscine s'était trompée de maison. En regardant par la fenêtre, elle aperçut l'homme, qui était maintenant dans son propre jardin, et elle descendit voir ce qu'il voulait. Elle réalisa vite qu'il n'était pas venu pour sa piscine. Debout dans le patio, il brandissait au-dessus de sa tête une tringle à rideau, comme un javelot. Nancy se rappelle : «Il m'a regardée et il a dit : sortez de là !». Effarée, elle courut vers la maison et composa le 911, le numéro de la police, tout en surveillant l'intrus du coin de l'œil. Elle le vit contourner sa maison.

Comme le 911 ne répondait pas, Nancy appela Westec, une société de sécurité privée qui intervient rapidement à Pacific Palisades. Elle téléphona aussi à sa belle-sœur, qui vivait près de chez elle, pour l'avertir qu'un dingue se promenait dans les parages, et lui conseiller de se boucler à double tour. Le «dingue», devait-on savoir peu de temps après, n'était autre que Jonathan Norman.

Vers 7 heures du matin, l'officier de Westec Security, Manuel Hernandez, reçut l'appel d'une femme qui avait vu quelqu'un rôder dans son jardin. Elle lui expliqua que l'homme faisait les cent pas en agitant les bras. Puis il avait quitté le jardin par l'arrière et il était entré dans une autre propriété. A peine Hernandez avait-il commencé à inspecter cette propriété pour voir s'il y avait des dégâts qu'il reçut un appel identique provenant de deux rues plus loin. L'individu qu'on avait vu cette fois-ci correspondait à la même description. Hernandez réagit rapidement et arriva juste à temps pour apercevoir un homme qui sortait d'une haie et traversait le jardin en courant en direction de la porte latérale, avant de disparaître par celle de derrière. Hernandez vit qu'il portait un grand bâton dans sa main droite. Tout en se dirigeant vers la maison, il rencontra Nancy qui lui dit que l'inconnu avait dû filer dans la rue. Hernandez appela du renfort.

Bientôt, d'autres agents de sécurité arrivèrent et tentèrent de retrouver l'intrus. Ils allèrent dans une maison qui se trouvait tout au bout d'Amalfi Drive. Les propriétaires leur annoncèrent à leur tour qu'ils avaient trouvé un homme dans leur jardin et qu'il s'était enfui quand ils lui avaient demandé la raison de sa présence. Les policiers atteignirent une maison en construction située à deux rues de chez les Spielberg. Là, ils trouvèrent Norman, qui se cachait dans le jardin. En les voyant, Norman s'enfuit de nouveau. Hernandez finit par le retrouver dissimulé dans une haie. Norman leva les bras, et quelque chose qui ressemblait à un livre glissa de ses mains. Ils le fouillèrent rapidement à la recherche d'armes et l'emmenèrent au commissariat de police du quartier.

Hernandez ramassa le livre noir que Norman avait

laissé tomber et le tendit à l'agent de sécurité. Il contenait des photographies et des articles de journaux. Hernandez se souvint plus tard que Norman avait prétendu être le fils adoptif de Steven Spielberg, qui selon lui, l'aurait adopté la veille. Il ajouta que les chacals essayaient de l'attraper, et que c'était pour cette raison qu'il s'était enfui. Hernandez pensa qu'il était sous l'emprise d'une drogue quelconque.

La police de Los Angeles avait reçu un appel, indiquant que quelqu'un était en train de causer des perturbations, à peu près au moment où Manuel Hernandez répondait au second appel. Quand elle arriva sur les lieux, les hommes de la société Westec avaient déjà arrêté Norman. L'officier de police Linda Peace se souvenait du journal intime de Norman. Il était rempli de photographies de Spielberg et d'une actrice. Elle avait aussi entendu Norman affirmer qu'il était le fils adoptif de Spielberg et qu'il avait pris le nom de Jonathan ou David Spielberg, ou Jonathan David Spielberg. Elle l'avait trouvé extrêmement bizarre.

Norman fut retenu au poste de Los Angeles Ouest. Son comportement était si étrange que Linda Peace suggéra qu'il soit examiné par un de ses collègues, Donald Goosens, un officier de police travaillant secrètement avec la brigade des stupéfiants.

Goosens avait reçu une formation spécialisée, et il avait une grande expérience pour interroger les drogués. Ce matin-là, vers 11 h, il examina Jonathan. Juste avant, il l'entendit tenir des propos incohérents. Il fit d'abord une recherche de phenylcyclohexylpiperidine, ou PCP, une mésamphétamine provoquant souvent de nombreux troubles psychiques. Le PCP fait monter la température du corps, qui se met à empester l'éther, principal composant de cette drogue. Cependant, Norman ne dégageait pas cette odeur, il n'avait pas de température anormale et ses pupilles ne présentaient pas de nystagmus, ces mouvements involontaires qui se produisent sous l'effet du PCP. La mesamphétamine entraîne un élargissement des pupilles, une élocution très rapide, et un pouls très élevé. Quand Goosens examina Norman, il ne trouva rien d'anormal. Son pouls battait normalement. Goosens ne décela aucune trace de mesamphétamine.

Un peu plus tard dans la matinée, Norman fut libéré, la police ayant eu l'impression qu'il n'était pas tout à fait en possession de ses facultés mentales. Bien qu'il fût entré dans une propriété privée, ils attribuèrent son comportement étrange à un état psychique inhabituel, et probablement passager. Après tout, il ne s'était pas montré menaçant. Ils préférèrent le relâcher, en se contentant de lui donner un avertissement. Mais il en fallait plus que cela à Jonathan Norman pour le détourner de sa mission.

Le soir, aux environs de 17 heures, il était déjà de retour sur Amalfi Drive. Stephen Lopez venait juste de terminer sa faction et de se faire remplacer par Lou Kovin, un autre officier de police. Les deux hommes bavardèrent un moment dans le bureau de la sécurité. Quand Lopez sortit, il remarqua une Land Rover bleu foncé garée juste derrière sa propre voiture, ce qui l'étonna car les places libres ne manquaient pas dans cette rue. La voiture était si près de la sienne qu'il craignit que son véhicule ait été endommagé. Il alla jeter un coup d'œil et releva machinalement le numéro de la plaque d'immatriculation de la Land Rover. Il constata alors qu'un homme était assis derrière le volant. En voyant qu'il essayait de se cacher, Lopez décida de l'observer.

Il resta sans bouger pendant un bon moment. Quand il s'éloigna, il réalisa brusquement qu'il s'agissait de Jonathan Norman. Il se rappela sa précédente tentative pour s'introduire dans la propriété des Spielberg. Maintenant, garé derrière son véhicule, Jonathan Norman essayait de passer inaperçu. Lopez en déduisit qu'il y avait une seule explication à ce curieux comportement : Norman devait surveiller l'équipe de sécurité pour connaître l'heure à laquelle les agents se relayaient. Une fois dans sa voiture, Steve Lopez téléphona à Lou Kovin et lui demanda d'appeler immédiatement la police. Puis il retourna dans la propriété des Spielberg. La villa est construite sur un terrain d'environ vingt mille mètres carrés entouré d'un mur de près de 2 mètres de hauteur. Lou Kovin et lui ne pouvaient voir la Land Rover que par les caméras. Ils firent un zoom sur le pare-brise pour pouvoir observer plus facilement Norman. Chaque fois qu'une voiture passait, l'homme se cachait derrière son journal.

Soudain, le moteur de la Land Rover démarra. Norman allait partir. Mais avant, il fit quelque chose de bizarre. Il roula jusqu'en haut de l'avenue et remonta en marche arrière l'allée nord qui conduisait à la maison. Puis, à reculons, il vint heurter plusieurs fois le portail. Apparemment, il voulait évaluer la force nécessaire pour le défoncer. Au cours de ses années de vigile, Lopez avait vu plusieurs personnes faire demi-tour et exécuter d'autres manœuvres inhabituelles, mais personne n'était venu aussi près du but. Au bout d'une minute, Norman remonta Amalfi Drive vers le nord.

Vers 18 h, l'agent Scott Burkett et son collègue, Sandra Donaway, reçurent un appel les informant de la présence d'un homme suspect.

Le rôdeur était dans le secteur d'Amalfi Drive. Les deux agents reconnurent l'adresse de Steven Spielberg et se précipitèrent. Lopez leur raconta brièvement ce qu'il venait de voir, et ajouta qu'il avait repéré le même homme, deux semaines plus tôt, près de l'enceinte de la maison, et qu'il avait une attitude très curieuse. Pour l'instant, il n'y avait aucune trace de Norman, mais il n'était pas allé très loin. Avec les officiers de police, Lopez ne tarda pas à retrouver la Land Rover bleue à quelques rues de là, mais l'homme était invisible. Lopez retourna vers la villa pendant que les policiers continuaient leur patrouille habituelle.

Quelques minutes plus tard, leur ronde les ramena près de la Land Rover. Cette fois-ci, Burkett remarqua un homme sur le siège du passager. La portière était ouverte. Il ne savait pas ce qu'il était en train de faire, mais il correspondait au signalement du rôdeur. S'approchant lentement du véhicule, les agents comprirent qu'il s'agissait de Jonathan Norman. Ils lui ordonnèrent de descendre de la voiture en posant les mains sur la tête, et il s'exécuta. Après l'avoir fouillé, Burkett lui passa les menottes. C'est à ce moment-là qu'il remarqua un renflement à la ceinture de Norman. C'était un paquet, qu'il déballa avec précaution. A sa grande surprise, il découvrit à l'intérieur un ruban adhésif pour canalisations et des menottes. Réalisant que cette trouvaille dépassait leur attente, les deux hommes entreprirent de fouiller Norman de plus près. Ses poches révélèrent un cutter et des lames de rasoir. Pendant que Scott Burkett gardait l'œil sur lui, Sandra Donaway fouilla la voiture. Elle trouva d'abord un porte-documents contenant des papiers de location de voiture et un agenda, puis deux paires de menottes, et plusieurs papiers recouverts d'une écriture manuelle qui n'était pas facile à déchiffrer. Cependant, la plupart des pages avaient un point commun : le nom de Steven Spielberg y était inscrit. Donaway sortit du véhicule quantité d'objets qu'il s'examinèrent. Parmi eux, quelques contraventions portant le numéro d'immatriculation de la Land Rover. Ils trouvèrent aussi des contraventions concernant une jeep blanche.

Tout en continuant leur besogne, les policiers questionnèrent Norman sur les raisons de son comportement et de sa présence répétée sur Amalfi Drive. Ils avaient appris qu'il s'était fait arrêter un peu plus tôt, ce même jour, pour les mêmes raisons. Répondant avec une conviction dont les policiers eurent du mal à douter, Norman leur raconta qu'il avait rendez-vous avec Spielberg pour lui confier un scénario de film qu'il avait préparé. Il ajouta qu'il devait absolument le montrer au réalisateur en personne. Quand les policiers lui demandèrent quel était le sujet du scénario, il raconta qu'il s'agissait «d'un homme qui en violait un autre». Il ajouta que la bande adhésive et les menottes étaient des accessoires de cinéma, et qu'ils étaient très importants pour le film qu'il espérait faire avec Spielberg. Burkett se souvint qu'entre deux déclarations cohérentes, Norman murmurait, marmonnait entre ses dents ou grommelait. Aux yeux des deux officiers de police, il paraissait déterminé à rencontrer Spielberg, mais il s'illusionnait sur la nature de sa relation avec le cinéaste.

Pour la seconde fois en 12 h, Norman fut emmené au commissariat de Los Angeles, où il fut placé en garde à vue. La Land Rover fut temporairement saisie et fouillée dans l'espoir qu'elle recélât d'autres indices. Presque tout ce que les policiers y trouvèrent avait un rapport avec Spielberg et la «relation» supposée que Norman entretenait avec lui. La voiture fut finalement rendue à ses propriétaires, la société Rent-a-Car, dont le directeur, Ed Sosnoski, fut entendu.

Sosnoski se souvint que le 8 juillet, Norman était venu échanger sa jeep Cherokee contre une Land Rover. Comme l'avait remarqué Lopez, Norman était bien au volant d'une jeep, le 29 juin, c'est-à-dire la première fois qu'il s'était approché de la maison de Spielberg. Le 25 juin, Jonathan Norman avait contacté l'agent commercial Nicole Rashon Smith, qui lui avait loué la jeep Cherokee. Le 8 juillet, c'était la seconde fois qu'elle voyait Norman. Il lui avait dit qu'il avait des problèmes avec la jeep et qu'il voulait louer une autre voiture. Il avait prétendu ne pas pouvoir quitter son domicile. Elle s'était rendue chez lui et ils avaient échangé leur véhicule. Elle l'avait aidé à transporter dans la Land Rover une partie de ce qu'il avait déposé dans la jeep : des sacs de vêtements, une bande vidéo de *E.T.* et quelques papiers. Le fouillis qui régnait dans la voiture l'avait frappée, mais si elle se souvenait du contenu, c'était surtout parce qu'une partie évoquait Spielberg.

Quand les policiers rapportèrent la Land Rover à la Société, ils trouvèrent encore d'autres preuves de l'obsession de Norman pour Spielberg. Nicole et Ed Sonoski repérèrent des photographies du cinéaste et des articles de magazine à l'arrière de la voiture. La vidéo de *E.T.* était encore là, à côté de quelques flacons qui semblaient contenir des médicaments. Il y avait aussi une caméra 35 mm, des piles, une montre, une paire de ciseaux, une boîte contenant environ cinquante lames de rasoir, des lunettes de soleil, un chapeau, et un article sur le film *The Lost World*. La Land Rover abritait également beaucoup de vêtements et un panier à linge.

Norman était en garde à vue. Ses affirmations incohérentes sur sa parenté avec Spielberg ainsi que ses marmonnements au sujet du viol étaient suffisants pour que les policiers le croient potentiellement dangereux. Les informations sur ses visites répétées à la résidence de Spielberg et les objets inhabituels trouvés en sa possession au moment de son arrestation confirmèrent ce point de vue. Etant donné son état mental, Norman fut déféré au Harbor-UCLA Medical Center pour y subir un examen psychiatrique. Cet hôpital est situé à Torrance, dans la région côtière sud-ouest du comté de Los Angeles.

En l'absence de Steven Spielberg, la police de Los Angeles avait parlé à Bruce Ramer, qui était son avocat depuis plus de vingt-cinq ans. De son côté, l'équipe de sécurité d'Amalfi Drive avait informé Ramer de ce qui venait de se produire ce jour-là, en précisant que Jonathan Norman avait déjà tenté de s'introduire chez Spielberg deux semaines plus tôt sous prétexte qu'il travaillait pour David Geffen. Bruce Ramer trouva très préoccupant que Norman affirme s'appeler David Spielberg et avoir été adopté par le cinéaste. Mais ce n'était pas le pire. La police de L.A. annonça à Ramer qu'au cours d'un interrogatoire, Norman avait avoué que son intention était de violer Spielberg.

Avec cette pénible besogne qui venait de lui tomber dessus, Bruce Ramer se trouva alors face à un dilemme. Il n'osait pas parler à Steven de l'intention de viol de Norman. Ce n'était pas le genre d'information qu'il trouvait agréable de délivrer à qui que ce soit, et encore moins à un client et ami. De plus, Spielberg était en plein tournage, et toute son attention était concentrée sur son travail. D'un autre côté, Norman avait déjà tenté à trois reprises d'entrer en contact avec Spielberg. Au cas où il ferait une quatrième tentative, il fallait prévenir Steven qu'il était devenu la cible d'un maniaque qui risquait de présenter un danger pour lui.

Ramer contacta Spielberg en Irlande et le mit au courant de toute l'histoire. La première réaction du réalisateur fut une totale incrédulité. Il était habitué à voir des admirateurs lui demander des autographes ou lui proposer des scénarios, mais il ne lui était encore jamais rien arrivé de tel. Il ne connaissait pas Jonathan Norman, et il n'y avait aucun lien de parenté. Ramer lui fit ensuite l'énoncé de ce qui se trouvait dans la voiture, notamment les menottes, la bande adhésive et le cutter. Et il termina en lui disant que Norman avait déclaré plusieurs fois être venu avec l'intention de lui faire du mal.

Cette nouvelle perturba considérablement le cinéaste. Ramer lui expliqua dans quel état d'esprit se trouvait Norman et ne cacha pas sa crainte qu'il représente une véritable menace pour lui et pour sa famille. N'osant pas en parler à sa femme, de peur de la bouleverser, Spielberg garda cette nouvelle pour lui. Il déduisit du compte-rendu de Ramer que Norman s'était lancé dans une « mission » dangereuse, et qu'il l'aurait exécutée s'il n'avait pas été arrêté. Spielberg déclara plus tard avoir senti à ce moment-là que sa vie était en danger.

Il apprit également ce que contenait le cahier trouvé dans la Land Rover. Norman avait composé un dossier complet sur lui et sa famille, et sur toutes les personnes importantes des Studios Dreamworks ; il avait ajouté des détails importants sur son autre studio, Amblin Entertainment. Le cahier renfermait également d'autres informations sur ses sœurs et sa femme, et même des détails concernant son âge et sa taille. Mais ce qui le bouleversa le plus fut d'apprendre que Norman avait réuni toutes les informations qu'il avait pu se procurer au sujet de ses enfants. Spielberg savait qu'il n'était pas rare, à Los Angeles, et notamment dans le secteur d'Hollywood, que des gens observent les stars et apprennent des choses sur leur vie. Mais il s'agissait, dans ce cas précis, d'une intention de faire du mal, peut-être de tuer. Cette idée le glaça.

Il s'inquiéta aussitôt pour sa mère, Leah Adler, qu'il sentait très vulnérable. Elle vivait seule sur Wilshire Boulevard depuis le décès de son beau-père. Pendant qu'il passait l'été à l'étranger avec sa famille, elle était restée à Los Angeles. Il la mit au courant des événements et engagea immédiatement une équipe pour assurer sa sécurité. Il fit également resserrer la protection autour de sa famille. Outre les gardiens qui le protégeaient lors de ses séjours en Irlande et à Londres, il en engagea pour que ses enfants soient accompagnés partout.

La première scène de *Il faut sauver le soldat Ryan* montre pendant 25 minutes le débarquement en Normandie, en 1944, et en particulier le premier à Omaha Beach. Des centaines de soldats, essentiellement de l'armée irlandaise, tirent au canon, au fusil, et depuis les tanks avec des balles à blanc pour recréer l'atmosphère de la bataille. Spielberg devait confier plus tard que pendant le tournage, il avait été terrifié à l'idée que Norman pouvait surgir habillé en soldat américain pour infiltrer son équipe sans attirer l'attention. Il le croyait capable de se procurer un vrai fusil, de vraies munitions, et de faire beaucoup de dégâts, peut-être même d'aller jusqu'à tuer.

Cette éventualité le força à prendre la menace au sérieux, ce qui ne lui était jamais arrivé. Il recruta plus de policiers pour une surveillance accrue dans sa maison d'Amalfi Drive. Il craignait que Norman ne revienne et ne s'en prenne aux gens qui l'habitaient en son absence, et qu'il considérait comme faisant partie de sa famille.

Cependant, en ce qui concernait l'avenir immédiat, il y avait peu de risques que Norman fasse quoi que ce soit. La police avait déjà découvert d'autres détails sur sa vie étrange et sa bizarre «mission» contre le réalisateur. Le 21 juillet, il fut interrogé par Paul Wright, un détective qui travaillait avec la police de Los Angeles, et qui était à ce moment-là assigné au Threat Management Unit (Bureau de Traitement des Menaces). Ce Bureau avait été créé dans le but de mener des investigations sur les harcèlements et les comportements excessifs, et pour prendre les mesures nécessaires quand cela s'imposait. Sur les instructions de Spielberg, Ramer avait engagé un autre avocat pour déposer une plainte afin que Norman n'ai plus le droit d'approcher les Spielberg. Les premières plaintes et dépositions de l'équipe juridique de Spielberg indiquaient que la police de Los Angeles allait faire une enquête et pouvait engager des poursuites judiciaires contre Jonathan Norman pour harcèlement, le harcèlement étant le domaine spécifique du *Threat Management Unit*.

Jonathan Norman fut interrogé dans la prison du comté de Los Angeles, où il était détenu. Il déclara à Paul Wright qu'il parlerait sans son avocat. Wright voulut savoir pourquoi il avait essayé de pénétrer dans la résidence des Spielberg, les deux fois où il s'était fait remarquer par la police. Il lui répondit que depuis un mois environ, il était obsédé par le cinéaste. Il décrivit son problème comme une obsession sexuelle. En pensant à Spielberg et en s'imaginant avec lui, il se «mettait à éjaculer». Cela était devenu une obsession et Norman éprouvait le besoin d'être avec Spielberg. Il dit aussi à Wright qu'il pensait que Spielberg voulait qu'il le viole, et que c'était pour cette raison qu'il avait acheté des menottes et une bande adhésive. Il raconta que le 11 juillet, il faisait les cent pas devant le 1515 Amalfi Drive en cherchant la meilleure façon d'entrer dans la propriété. Il se demandait sans arrêt comment s'y prendre pour commettre ce viol. Norman ajouta qu'il avait essayé de s'introduire chez Spielberg à une autre occasion, mais qu'il avait été refoulé par le service de sécurité. C'était probablement le 29 juillet au soir, quand il s'était trouvé confronté à Lopez. Il dit qu'il pensait être retourné une autre fois à Amalfi Drive, mais qu'il ne s'en souvenait plus très bien. Il décrivit ce qui s'était passé le matin : il allait et venait devant l'enceinte de la résidence en évaluant les distances. Il avait essayé de sauter par-dessus la clôture, mais il avait été chassé par un chien menaçant. Il agissait ainsi pour violer Steven Spielberg.

Il affirma avoir pris une grande quantité de mésamphétamines avant l'incident du 11 juillet, et être resté éveillé pendant 3 jours. Cette déclaration ne correspondait pas au résultat de l'examen fait par l'officier Goosens, qui n'avait décelé chez Norman aucun symptôme provoqué par la drogue. Cependant, Goosens n'avait pas demandé une analyse d'urine, ce qui aurait sans aucun doute permis d'avoir des certitudes. Un test ultérieur, exécuté au Harbor-UCLA Medical Center, conclut qu'il était «présumé positif» quant aux amphétamines, à savoir qu'il avait des traces de cette drogue.

Au cours de l'interrogatoire, Norman déclara qu'il avait trouvé toutes les informations détaillées qu'il détenait sur Spielberg dans plusieurs magazines, dont *People* et *The Hollywood Reporter*. Il dit aussi qu'il n'avait plus l'intention de traquer le réalisateur, et que les drogues qu'il avait absorbées devaient être la cause de son comportement. Comme l'officier chargé de l'enquête, Paul Wright n'avait pas oublié les objets qui avaient été découverts, en particulier la bande adhésive et les menottes. Il avait aussi étudié l'agenda de Norman, ainsi que ses notes, qui portaient presque toutes sur des détails de la vie du cinéaste. Le plus préoccupant pour la police, et accablant pour Norman, était une liste d'articles dont il avait besoin pour lui faciliter le crime qu'il avait l'intention de commettre.

Cette liste comportait les articles suivants: 3 bandeaux noirs pour les yeux, 3 paires de menottes, 4 pinces à mamelons, 3 colliers de chien 3 cadenas avec la même clé, 4 paquets de lames, du chloroforme et un livre à sensation. Norman ne parla jamais de faire du mal à quelqu'un d'autre qu'à Spielberg. Cependant, Wright fut troublé en découvrant le nom des enfants Spielberg inscrits sur son agenda de Norman. L'orthographe des noms, qui étaient peu courants, était parfaitement correcte. Wright y vit l'indice d'une réelle menace pour les enfants.

Paul Wright considérait aussi que Norman faisait preuve d'un dédoublement de la personnalité, ce qu'il avait souvent vu chez des hommes bisexuels, tout au long de sa carrière de policier à Los Angeles.

«Ces types qui sont partagés entre l'homosexualité et l'hétérosexualité deviennent souvent très violents à cause de leurs conflits sexuels intérieurs.»

Aux yeux de Wright, l'état de Norman était dû à un mélange de fureur contre son père et de trouble sexuel croissant.

Le comportement lunatique et imprévisible de Norman fut confirmé plus tard par Charles Markovich (surnommé Chuck), qui était lié d'amitié avec Norman depuis plus de six ans. Norman avait vécu avec lui à trois reprises. Les deux hommes affichaient leur homosexualité, mais bien qu'ils aient partagé une amitié très intime, Chuck affirma qu'ils n'avaient jamais été réellement amants. Norman le contacta à partir du Harbor-UCLA Medical Center et le persuada de se rendre à l'agence de location de voitures pour récupérer une partie des affaires qu'il avait laissées dans la Land Rover. Le 18 juillet, une semaine après l'incident d'Amalfi Drive, Chuck avait aussi vidé l'appartement de Norman. Quand la police entendit parler de ces deux incidents, elle décida d'interroger Chuck.

Non seulement Chuck Markovich put lui fournir maints détails sur le mode de vie de Norman, mais il procura aussi l'emploi du temps de son ami, jusqu'au jour de son arrestation. Il raconta que Jonathan, à 30 ans, était sans emploi et qu'il l'avait vu prendre des mesamphétamines. D'après lui, Norman était schizophrène.

Il affirma d'ailleurs avoir vu ses dossiers médicaux. Il le trouvait aussi complètement paranoïaque. Il dit que Norman tendait des draps sur les fenêtres, croyant toujours que quelqu'un l'espionnait ou le persécutait.

Le mercredi 9 juillet 1997, Chuck avait passé la soirée en compagnie de Jonathan. Brusquement, son ami lui avait annoncé qu'une partie du mur entourant la propriété de Spielberg était assez basse pour qu'il puisse sauter par-dessus. Il voulait aller, cette nuit, violer le réalisateur. Markovich savait où se trouvait sa maison, pour y avoir été emmené par Norman la semaine précédente. Il avait objecté en lui disant qu'il était ridicule, et en lui faisant remarquer qu'il ne pourrait jamais passer par-dessus le mur à cause de l'équipe de gardiennage. Norman avait paru d'accord avec lui et avait abandonné le sujet. Chuck pensait qu'il n'était pas allé vers la résidence de Spielberg ce soir-là, mais il s'était beaucoup inquiété au sujet de sa santé mentale, et il avait craint qu'il mette son projet à exécution. Norman lui avait déjà parlé d'une autre tentative, au cours de laquelle il avait été refoulé par le service de sécurité. Chuck était persuadé que Norman ne se contentait pas d'observer Spielberg à distance. Il parla aussi à la police des photographies que Jonathan gardait dans son agenda, et qu'il lui avait montrées. L'une d'elles semblait exciter particulièrement Jonathan ; elle représentait un jeune garçon qui avait un très beau corps. Il était nu, et à la place de sa tête était collée celle de Spielberg.

Le lendemain matin, 10 juillet, Jonathan passa chez Chuck juste au moment où celui-ci allait partir travailler. Norman avait apporté un panier plein de linge sale à laver. Chuck lui demanda ce qu'il faisait. Norman répondit qu'il n'était pas très sûr, mais qu'il devait libérer son appartement vers le 15 juillet ; aussi pensait-il rapporter petit à petit ses affaires chez Markovich. Il ne lui en avait jamais parlé et ils se disputèrent. Finalement, Norman sortit comme un fou de l'appartement.

Voyant qu'il avait oublié son portefeuille, Markovich partit sur ses talons. En sortant, il vit que les papiers de Norman avaient été éparpillés autour de l'entrée de l'immeuble. Cependant, Norman s'était calmé. Markovich lui rendit son portefeuille et partit à son travail.

Il revit Norman le mercredi suivant, le 14 juillet, au Harbor-UCLA Medical Center. Il fut frappé par son allure complètement différente. Il avait un air négligé. D'habitude, il était très net, avec des chemises en coton bien repassées. Il lui annonça qu'il voulait désormais avoir le «look Rambo». En fait, il ne s'était pas changé depuis l'incident d'Amalfi Drive. Il raconta à Chuck tout ce qui s'était passé à la résidence de Spielberg.

Le 15 juillet, Jonathan Norman fut confié aux soins de Chuck. Il déclara qu'il ne voulait plus entendre parler de Spielberg, et que si c'était lui qui ramenait ce sujet sur le tapis, son ami devait l'en dissuader. Chuck se souvint qu'ils étaient allés au cinéma. Norman voulait voir *The Lost World* de Spielberg. Pendant qu'il regardait le film, il fit de curieux commentaires, disant qu'il y avait une mère et un père T-Rex, et un bébé, et que Spielberg était le père, David la mère, et John le bébé. Chuck ne comprenait pas de quoi il parlait. Il mit cela sur le compte de son état mental, qui était peut-être encore défaillant; après tout, Jonathan venait de passer quelques jours dans un service psychiatrique. Cependant, Chuck avait remarqué les allusions que Jonathan faisait sur la famille, notamment son père.

Les déclarations de Markovich permirent à la police de reconstituer le contexte familial susceptible d'expliquer l'intérêt obsessionnel que Norman témoignait pour Spielberg. Chuck raconta aux policiers que le père de Norman l'avait laissé quand il avait 6 ans et que Jonathan n'avait jamais été capable d'accepter la réalité. Il avait toujours souffert de son absence. Mais son père était peut-être aussi très anti-homosexuel, et Jonathan devait considérer que Steven Spielberg avait l'esprit très ouvert puisque l'un de ses associés, David Geffen, était homosexuel. Il devait voir en lui un père de substitution. Et Chuck n'arrivait pas à comprendre pourquoi Jonathan voulait le violer alors qu'il représentait pour lui le père qui lui avait fait défaut.

Les détectives obtinrent un mandat de perquisition pour l'appartement de Chuck Markovich. Le 4 août, ils commencèrent par chercher dans les effets personnels de Jonathan. McPherson trouva de nombreux papiers contenant le nom de Spielberg, et une carte de «résidences des vedettes de cinéma». Il récupéra une carte de visite au nom de «Probe Inc. Spytech Agency – Enquête par gardiennage et surveillance». Au dos de la carte, des notes écrites à la main semblaient indiquer que Norman avait cherché un appareil-photo doté d'un téléobjectif. Une biographie, obtenue par Internet, concernait Spielberg, Jeffrey Katzenberg et David Geffen, ainsi que le Conseil d'Administration des Studios Dreamworks. Une autre feuille imprimée sur ordinateur, datant de 1994, faisait référence à Katzenberg, Spielberg et Geffen, disant qu'ils «...semaient la panique à Hollywood avec leur association». Les policiers trouvèrent un magazine traitant du film *The Lost World*, qui avait été découpé. Il y avait une couverture du livre Spielberg, une biographie, avec un portrait photographique du cinéaste. McPherson découvrit aussi un classeur bleu qui contenait le compte-rendu quotidien de leurs mouvements. En toute logique, il reflétait l'obsession de quelqu'un pour un individu et pour ses faits et gestes. La plupart des informations portaient des connotations sexuelles. Markovich dit à McPherson qu'il n'avait jamais vu Norman prendre des renseignements sur Internet. Il ajouta que depuis qu'il connaissait Jonathan, il ne l'avait jamais entendu parler d'obsessions avant celle qu'il éprouvait pour Spielberg.

Le 8 octobre 1997 commença le procès mettant face à face L'Etat de Californie (plaignant) et Jonathan Norman (accusé), qui devait décider si Norman serait accusé de harcèlement, selon l'article 646.9 du code pénal. Rhonda Saunders, Procureur adjoint du Comté de Los Angeles, une des autorités, reconnues au niveau international, commença par définir le «traqueur» en ces termes:

«Toute personne qui, volontairement, avec une mauvaise intention et de façon répétée, suit ou harcèle une autre personne».

Ce comportement est une violation du code pénal, article 646.9, tout comme le fait de «proférer une menace crédible», en particulier une menace «censée faire éprouver à la victime un sentiment de peur légitime pour sa sécurité ou la sécurité de sa famille.»

Rhonda Saunders affirma qu'en vertu de ces définitions, Jonathan Norman harcelait bel et bien Spielberg. Au cours de l'exposition des faits, qui prit 2 jours, de nombreux témoins vinrent à la barre, parmi lesquels Steve Lopez, Chuck Markovich et la victime elle-même, Spielberg.

Spielberg témoigna calmement, mais sa déclaration ne laissa aucun doute quant à sa conviction que Jonathan Norman représentait bien une menace réelle et permanente pour lui et pour sa famille. Il se décrivit comme étant «affolé par l'idée que cet homme puisse sortir de prison et retourner directement sur le sentier de la guerre». Il continua:

«C'est quelque chose qui m'obsède, j'y pense sans arrêt, je n'ai plus l'esprit en paix.»

Norman, en refusant d'être représenté par un avocat, contribua à sa propre perte. Dans sa dernière plaidoirie, Rhonda Saunders, exposa le déroulement chronologique des faits, évoquant en détail les activités de Jonathan Norman depuis la fin du mois de juin jusqu'au début du mois de juillet 1997. En conclusion, elle invita les membres du jury à apprécier la façon dont Norman poursuivait Spielberg de ses assiduités :

«Faisait-il la cour à Spielberg? Venait-il lui offrir des fleurs, des bonbons, un mot doux? Non, il lui apportait des menottes et du ruban adhésif. Cela prouve son état d'esprit : pour arriver à ses fins, il voulait instiller la peur.»

Pour que l'accusé soit inculpé et que l'affaire puisse être jugée, quatorze jurés, au moins, devaient être d'accord. Les jurés décidèrent d'inculper Jonathan Norman; leur nombre précis en faveur de cette décision ne fut pas révélé après leurs délibérations. Le juge demanda ensuite à Rhonda Saunders si elle recommandait la mise en liberté sous caution. Elle exigea une caution d'un million de dollars, en faisant remarquer que Norman était déjà en liberté conditionnelle après avoir été accusé de tentatives d'agression, et en rappelant qu'il représentait «une menace dangereuse pour la victime et sa famille».

Ces deux précédentes condamnations remontaient à 1995. Au volant d'une voiture, Norman avait essayé de renverser un groupe de piétons. La caution fut portée à un million de dollars, et le procès fixé au 19 février 1998.

Il se déroula au Tribunal de Santa Monica, devant un jury de cinq hommes et sept femmes. Cette fois encore, Rhonda Saunders fit un plaidoyer virulent contre Norman et ses intentions. Exhibant le «kit du viol» et décrivant en détails les visites successives de Norman à la résidence d'Amalfi Drive, elle déclara au jury qu'elle croyait «que l'accusé n'allait pas abandonner la partie avant de tuer ou de blesser gravement Spielberg». Au sujet de Norman et de ses obsessions, le réalisateur lui-même témoigna en ces termes :

«Je pense qu'il s'est fixé une mission. Je crois qu'il ne sera pas satisfait tant qu'il ne l'aura pas accompli, et je crois en être l'objet.»

A propos de l'intérêt suscité par les personnes célèbres, Spielberg déclara :

«J'ai eu des fans, certains très envahissants. Mais je n'en ai jamais vu arriver avec des menottes et du ruban adhésif et des cartes et des listes de noms de ma famille. J'ai vraiment l'impression d'être devenu une proie pour cet individu.»

Dans une déclaration finale pleine d'émotion, Spielberg se tourna vers le juge et le jury :

«Votre Honneur, je me place ainsi que ma famille entre vos mains, afin de ne pas tomber dans celles de M. Norman.»

Alors que Norman, flanqué de deux agents, regardait Spielberg d'un air impassible en bâillant de temps à autre ou en griffonnant des notes, son avocat, John Lawson, tenta de faire valoir que son client avait agi sous l'emprise de la drogue. Il fit remarquer que si Norman avait eu un comportement étrange, il n'avait rien à son actif qui puisse le faire considérer comme un criminel. Axant sa défense sur sa prétendue absorption d'amphétamines, il le décrivit comme un «toxicomane déboussolé» et déclara : «autant que je sache, nos législateurs n'ont jamais décrété que le fait d'être bizarre était illégal». Il ajouta que Norman était allé devant la maison de Spielberg pour présenter une scène de son scénario devant le circuit des caméras de surveillance. Lawson affirma que son client avait espéré que Spielberg le verrait et qu'il mesurerait le mérite de son travail. Mais le jury ne fut pas convaincu.

Après trois heures et demi de délibérations, les jurés jugèrent Norman coupable. Le lendemain, ils décidèrent que sa peine tiendrait compte de ses deux condamnations précédentes. Dans certains Etats des Etats-Unis, la loi des «Trois condamnations et vous êtes hors circuit» permet de condamner l'accusé à la plus longue peine possible à l'occasion d'un troisième jugement. Normalement, Jonathan Norman aurait dû avoir une peine de 3 ou 4 ans de prison pour s'être comporté comme il l'avait fait envers Spielberg. Mais le 17 juin 1998, quand le tribunal se réunit de nouveau pour annoncer la sentence, le juge Steven Suzukawa demanda fermement la condamnation la plus importante, soit une peine comprise entre vingt-cinq ans et la prison à vie.

«En ce qui me concerne, je trouve que M. Norman a vraiment une attitude obsessionnelle effrayante, et je crois qu'il présente un danger pour la société.»

Jonathan Norman déclara au tribunal de Californie qu'il avait «une mission» et qu'il ne serait pas satisfait tant qu'il ne l'aurait pas remplie. Il voulait faire du mal au cinéaste car il était obsédé par sa personne. Il se décrivait lui-même comme «le plus grand fan de Steven Spielberg», mais quand il fut arrêté au cours de sa seconde tentative d'introduction dans la villa du réalisateur, il transportait avec lui, comme l'avait souligné l'accusation, un «kit de viol». La seule question qui subsiste est de savoir pourquoi le dérèglement psychologique de Jonathan Norman a transformé en haine et en violence l'admiration qu'il avait vouée au réalisateur.

Après le procès, Spielberg a conclu :

«Si Jonathan Norman s'était réellement trouvé en face de moi, je pense sincèrement, du fond du cœur, qu'il m'aurait violé, mutilé ou tué.»

CHAPITRE III

JE SAIS QUE VOUS M'AIMEZ VRAIMENT

Les actes de harcèlement les plus intenses sont surtout ciblés vers les personnalités de l'industrie du spectacle. Toutes les célébrités de notre époque constituent des pôles d'attraction extraordinaires, et les vedettes de cinéma sont mises sur un piédestal, comme les membres des familles royales. Il n'est donc pas surprenant que certains de leurs admirateurs manifestent des sentiments plus excessifs que de la simple vénération. Quand un fan en arrive à un tel engouement, les experts parlent d'«obsession amoureuse». Cette expression s'applique en particulier à tous ceux qui se bercent de l'illusion d'être aimés de leur victime. Brad Pitt a fait un long chemin depuis ses premiers pas d'acteur collégien dans le middle-west américain. Il fait désormais partie des cinq premières vedettes internationales. Souvent classé parmi les stars les plus séduisantes, et les plus adulées du public féminin, il est devenu, de ce fait, une cible évidente pour tous ceux qui sont obsédés par sa personne.

Né le 18 décembre 1963 à Shawnee, dans l'Oklahoma, William Bradley Pitt est l'aîné de trois enfants. Bill, son père, un homme tranquille, était camionneur. Sa mère était conseillère pédagogique. Peu de temps après la naissance du «petit Brad», Bill obtint un emploi mieux rémunéré à Springfield, une grande ville située près des Ozark Mountains, dans le Missouri. Ce fut le seul changement qui survint dans sa vie. Trois ans plus tard naquit Doug, le frère de William, suivi, deux ans après, de Julie, leur unique sœur.

Brad vécut une enfance idyllique dans une ville typique du middle-west, au sein d'une famille heureuse, stable et sécurisante. Selon l'avis général, Brad aimait l'école, où il réussissait bien, et où il avait déjà acquis une bonne popularité. Ses parents étaient baptistes ; toute la famille fréquentait régulièrement l'église. A 6 ans, Brad rejoignit le *South Haven Baptist Choir*. Connie Bilyeu, qui accompagnait le chœur au piano, remarqua vite son visage expressif, qui attirait particulièrement l'attention. Elle devint ensuite son professeur de théâtre au collège, et ne ménagea pas ses encouragements pour qu'il joue.

Au collège de Kickapoo, Brad aimait le sport, les discussions et la musique. Il s'intéressait aussi au cinéma, et il commença à fréquenter les salles avec assiduité. Le week-end, il allait aux représentations de cinéma en plein air avec sa famille et des amis. Il adorait le film «La Fièvre du Samedi Soir», et tous ceux dont la vedette était Robert Redford. Le premier film qu'il a vu de sa vie est Butch Cassidy et le Kid, avec Redford et Paul Newman.

En 1982, Brad partit à 200 kilomètres de la maison familiale pour étudier le journalisme à l'Université du Missouri, à Columbia. C'était la première fois qu'il s'éloignait de chez lui pour une longue durée, et sa foi religieuse s'étiola. Il se jeta à corps perdu dans tout ce que la vie étudiante pouvait lui offrir d'agréable. N'ayant jamais eu de problèmes pour se faire des amis, il devint vite populaire dans tout le campus. Il rejoignit la fraternité de Sigma Chi, et goûta les premières joies de la célébrité après avoir posé torse nu pour un calendrier d'étudiant. Brad avait l'intention de passer un examen universitaire puis de trouver un emploi dans la publicité, de préférence près de Springfield. Ensuite, il comptait bien se marier, avoir des enfants, et mener une vie simple et heureuse, dans le confort de la périphérie d'une ville.

Cependant, alors que sa dernière année à l'université tirait à sa fin, un incident vint contrecarrer ses projets. Au volant d'une vieille Buick que son père lui avait donnée avant qu'il ne quitte Springfield, Brad eut un grave accident avec un camion. Par miracle, tout le monde en réchappa, mais cette terrible expérience marqua un tournant dans sa vie. Après avoir reconsidéré son avenir, il abandonna ses premiers projets et décida de se lancer dans un secteur beaucoup moins rassurant, et plus aléatoire.

Il quitta l'université deux semaines avant la remise des diplômes. Il lui manquait deux unités de valeur pour les obtenir. Après avoir acheté une autre voiture, il partit pour Hollywood afin de tenter sa chance comme acteur. Il avait un très bon souvenir de ses expériences de comédien amateur, et il s'était laissé dire par des amis qu'il avait le physique et le talent pour réussir. Et si le cinéma ne voulait pas de lui, il pouvait toujours retourner vers la publicité.

Il avait 22 ans quand il arriva à Hollywood, avec ses dollars en poche, et pas le moindre travail. Comme des milliers d'acteurs aspirants, il se mit à faire des petits boulots mal payés dans les bars et restaurants pour financer ses cours de théâtre. Il livra des réfrigérateurs, fit du télémarketing. Le premier contrat qu'il obtint, après avoir passé des semaines à frapper aux portes, n'était pas exactement le genre de rôle dans lequel ses admiratrices actuels iraient l'imaginer. En fait, il fut embauché pour arpenter les rues tous les soirs, déguisé en poulet géant, afin de promouvoir une chaîne de restaurants mexicain. En échange, il recevait la somme royale de 9 $ de l'heure. Poussé par le besoin financier, il accepta en désespoir de cause d'autres travaux tout aussi incongrus.

Un an après, en 1986, Brad persévérait dans l'apprentissage du théâtre. Pour gagner sa vie, il s'était fait engager à temps partiel comme chauffeur par une société de strip-tease à domicile, dont le propriétaire regretta, des années plus tard, de ne pas l'avoir embauché comme strip-teaseur! Mais la chance commença à sourire à Brad le jour où il rencontra Roy London, un professeur de théâtre. Roy comprit tout de suite qu'avec son physique, Brad pouvait trouver du travail à Hollywood et devenir l'idole des adolescents. Il pensait aussi qu'il avait l'air solitaire et romantique d'un James Dean, et qu'il présentait une ressemblance frappante avec Robert Redford jeune. Comme beaucoup de jeunes acteurs, Brad Pitt avait déjà entendu ce genre de discours, qui le laissait plutôt incrédule; cependant, vers la fin des années 80, il fut engagé pour différents petits rôles, grâce à Roy, qui était devenu son agent, et il se présenta régulièrement à des auditions.

Brad eut sa véritable chance avec la superproduction télévisée *Dallas*, dans laquelle il incarne le petit ami de la fille de Priscilla Presley. Il apparaît dans trois épisodes. Puis il passa de *Dallas* à un feuilleton sentimental diffusé dans la journée: *Another World*. D'autres rôles pour la télévision suivirent, dont *Thirty Something*, et *21 Jump Street*. Brad venait de faire ses premiers pas vers le vedettariat, et il put enfin abandonner ses petits emplois à temps partiel.

Dans l'industrie cinématographique, on considère généralement que peu d'acteurs sont capables d'opérer la transition de la télévision vers les premiers rôles de cinéma.

George Clooney et Will Smith sont deux grandes exceptions récentes. Brad fit en sorte d'apparaître le moins possible sur le petit écran, acceptant seulement de jouer pour gagner correctement sa vie. Ses regards étaient tournés vers les premiers rôles de cinéma, et il ne devait plus attendre encore très longtemps. Il continua à jouer dans quelques séries télévisées, et à tourner quelques films pour la télévision, avant que la chance lui sourie avec *Cutting Glass*, un film d'horreur parodique à petit budget. Brad obtint le troisième rôle, celui d'un joueur de basket, Américain bon teint au physique engageant. Comme Roy London l'avait prédit, Brad Pitt fit beaucoup d'effet à Hollywood.

Finalement, ce ne furent ni les films ni même les séries télévisées qui lui apportèrent la gloire, mais une publicité pour les jeans Levi's, uniquement diffusée en Europe. Brad y tenait le rôle d'un prisonnier qui s'échappe en se servant de son jeans n° 501 comme d'une corde. Cette scène de trente secondes fit un véritable tabac. Mais ce fut encore une fois son physique qui attira l'attention, et il devint aussitôt un sex-symbol.

Brad Pitt franchit une autre étape importante en obtenant le premier rôle dans *Too Young to die*. Sur le plateau, il rencontra l'actrice Juliette Lewis, alors âgée de 16 ans. Depuis le tournage de *Dallas*, il vivait toujours une histoire d'amour avec ses partenaires, et Juliette n'y fit pas exception. Malgré leur grande différence d'âge (Brad avait 26 ans), ils vécurent ensemble pendant trois ans. Mais ils furent bientôt victimes de leur réussite professionnelle, passant de moins en moins de temps tous les deux au fur et à mesure que leur carrière se développait. Ils finirent par se séparer en 1992.

En 1990, la carrière de Brad Pitt avait pris un tournant extraordinaire, digne d'un conte de fées. Il passait une audition, parmi tant d'autres, pour un rôle initialement proposé à Alec Baldwin, qui l'avait refusé. A la grande surprise de tous, ce rôle fut proposé à Brad, qui accepta d'incarner JD, un voleur insouciant, dans Thelma et Louise. Les autres acteurs étaient Geena Davis, Suran Sarandon et Harvey Keitel. Bien que ce film eût démarré lentement, Ridley Scott, le réalisateur, plaça beaucoup d'espoirs en lui. Très vite, Thelma et Louise fut salué comme un classique moderne. En 1992, il obtint six oscars, dont celui du meilleur scénario, et rapporta en entrées plus de 45 millions de dollars. Brad Pitt ne toucha que six mille dollars pour son rôle, mais ce film fut pour lui un véritable tremplin qui le propulsa au rang de vedette Hollywoodienne.

Il signa ensuite plusieurs contrats plus lucratifs qui lui donnaient le rôle principal dans quelques films désormais tombés dans l'oubli. Puis il fut remarqué par Robert Redford, qui avait constaté des similitudes dans leur physique. Redford cherchait un acteur pour incarner le frère cadet, intelligent, sensible, et sacrifié de son adaptation du livre *Et au milieu coule une rivière*.

Après ce film, qui souleva un enthousiasme unanime, Brad obtint de plus en plus souvent des rôles qui l'intéressaient. En 1993, après *Et au milieu coule une rivière*, il enchaîna avec *California*. En 1994, il devint la star masculine de *Legends of the Fall*, une saga à grand spectacle, avec Anthony Hopkins et Aidan Quinn. La même année, il joua avec Tom Cruise, une autre star incontestée d'Hollywood, dans le film gothique de Neil Jordan *Entretien avec un Vampire*. Ces deux productions eurent un énorme succès mondial et rapportèrent des sommes colossales, ce qui prouva définitivement que le nom de Brad sur une affiche de cinéma était capable d'attirer les foules.

Au début de 1995, Brad partageait l'affiche avec Morgan Freeman dans le thriller noir *Seven*, pour un contrat de quelque quatre millions de dollars. C'était son premier très gros cachet. Le rôle reflétait sa position dans les hautes sphères du vedettariat masculin à Hollywood. Une telle célébrité lui ouvrait un monde inconnu, mais elle n'eut que peu d'impact sur sa façon de vivre. A Los Angeles, il continua à mener sa vie de célibataire, se rendant souvent lui-même à l'épicerie du coin pour faire ses emplettes, profitant de sa disponibilité pour apparaître régulièrement dans les boîtes de nuit et, par conséquent, dans les colonnes de la presse consacrée à Hollywood. Quant à sa sécurité personnelle, elle n'était absolument pas assurée. A ce stade de sa carrière, il ne lui était jamais venu à l'esprit qu'il pourrait intéresser quelqu'un d'autre que les admirateurs de ses films. Ce n'était tout simplement pas son genre de se mettre à l'abri du reste du monde.

En tournant *Seven*, Brad réagit comme le personnage qu'il incarnait : il tomba amoureux de sa partenaire, Gwyneth Paltrow, qui interprétait sa femme. Leur relation dura deux ans et demi. La plupart des gens qui les avaient observés pensaient que leur mariage était imminent quand le couple se fiança au Tibet pendant le week-end de Thanksgiving, en 1996.

Brad attirait aussi d'autres marques d'approbation. People Magazine décréta qu'il était *L'homme vivant le plus sexy*, tandis que le magazine *Empire* le saluait comme l'«Un des cent acteurs les plus séduisants de l'histoire du cinéma». Mais Brad connut bientôt le revers de la médaille. En effet, cet enthousiasme attira l'attention de quelques personnes indésirables.

En juin 1997, Brad Pitt dut faire appel aux tribunaux pour protéger sa vie privée. Au tribunal de Los Angeles, John Lavery junior, son avocat, tenta de faire interdire l'édition du mois d'août du magazine illustré *Playgirl*, diffusé au niveau national. Brad figurait sur la couverture sous le titre : *Brad Pitt nu* et le magazine contenait dix photographies non autorisées de l'acteur en tenue d'Adam. Lavely déclara au juge Robert O'Brien que ces photographies avaient été prises au téléobjectif par un paparazzo, à l'insu de l'acteur, alors qu'il se trouvait en vacances aux Caraïbes, sur l'île de St Bart, en compagnie de Gwyneth Paltrow. Lavely exigea que la direction de *Playgirl* suspende la distribution de la publication et fasse revenir tous les exemplaires qui étaient déjà en vente. Brad Pitt demanda des dommages et intérêts pour préjudice moral et atteinte à sa vie privée. L'avocat du magazine, Kent Raygor, contre-attaqua en affirmant que ces clichés avaient été pris deux ans plus tôt, et qu'ils avaient déjà été publiés sur Internet et dans la presse du cœur européenne. Selon lui, ces photographies étaient déjà «célèbres», ce n'était pas *Playgirl* qui les avait commandées. Il ajouta que le site web qui les avait présentées avait déjà reçu sept cent cinquante mille visites.

Brad remporta une victoire partielle quand le juge ordonna aux éditeurs d'arrêter la distribution du numéro du mois d'août, sans toutefois exiger qu'il soit complètement retiré de la vente. En effet, les exemplaires qui se trouvaient déjà dans les magasins de presse ne furent pas repris. L'affaire Brad Pitt dut passer une seconde fois en audience avant que le numéro d'août soit complètement retiré et que les éditeurs acceptent de verser à l'acteur un dédommagement, dont le montant ne fut pas divulgué. Mais ce ne fut pas la seule fois où Brad dut se tourner vers les tribunaux pour protéger sa vie privée.

L'éclectisme de Brad Pitt dans le choix de ses rôles au cinéma s'est encore confirmé avec *Sept ans au Tibet*, mais après le tournage de ce film, il fut interdit de séjour sur le sol chinois. Le personnage qu'il incarna ensuite dans le thriller futuriste *L'Armée des douze Singes*, dont il partage l'affiche avec Bruce Willis, lui valut d'être nominé à un

Oscar et de recevoir le Golden Globe. Dans *Rencontre avec Jœ Black*, Brad fit équipe une fois de plus avec Anthony Hopkins. Ce film coïncida avec la fin subite de sa relation avec Gwyneth Paltrow, nouvelle qui fit les choux gras de la presse people. En effet, Brad et Gwyneth formaient le «couple glamour d'Hollywood», et leur rupture prit leurs admirateurs par surprise. Quelques semaines avant leur séparation, la presse spéculait sur la date de leur mariage. Ils annoncèrent la fin de leurs fiançailles par mutuel consentement et l'annulation de leur mariage. Brad accorda à la presse un communiqué de dix-sept mots. Ils annulèrent aussi leur projet de jouer ensemble dans Duets. Gwyneth tourna ce film avec Huey Lewis, le rockeur des années 1980. Vers 1998, *L'homme vivant le plus sexy*, titre qui avait encore été attribué à Brad cette année-là, rencontra de nouveau l'amour en la personne de Jennifer Aniston, la vedette de *Friends*.

Jennifer Aniston passa son enfance en Grèce, puis à New York et en Californie. Son parrain était l'acteur Telly Savalas, connu surtout par son interprétation du détective Kojak, qu'il avait tourné pour la télévision. Jennifer étudia le théâtre à la Fiorello la Guardia School of Music, Art & Performing Arts, plus connue ensuite sous le nom de «Fame school». Au début de 1993, Jennifer avait abandonné l'idée de gagner sa vie en tant qu'actrice. Mais en 1994, elle fut invitée à auditionner pour un film-pilote télévisé : *Friends Like These*. Elle refusa de passer l'audition pour le rôle de Monica, et se présenta pour celui de Rachel Green, la fille de riches qui devient serveuse dans un café. Le reste est passé dans l'histoire. *Friends* figure parmi les feuilletons télévisés les plus célèbres de tous les temps ; il rapporta des millions de dollars à ses producteurs, et chacune des six stars qui le tournèrent toucha un million de dollars par épisode. Simultanément, Jennifer était devenue une star de cinéma à part entière, avec des premiers rôles comme celui qu'elle tient dans *Picture Perfect*, quand elle rencontra Brad Pitt.

Depuis le début de sa carrière à Hollywood, Brad était resté proche de sa famille et de ses racines. Dès qu'il emmenait une amie à Springfield pour lui présenter sa famille, la presse prédisait une histoire d'amour «sérieuse». Son frère, Doug Pitt, possède un magasin d'ordinateurs à Springfield, et sa sœur Julie s'est installée tout près. Quand Brad leur présenta Jennifer, la presse vit déjà la vedette de *Friends* devenir la première Mrs Brad Pitt. Selon les rumeurs qui couraient alors, le couple avait acheté une demeure palatiale à Beverley Hills, et une maison de vacances entourée d'un terrain de 400 acres sur la côte. Le public les considérait comme le dernier couple glamour à vivre le rêve hollywodien, mêlant richesse, beauté et talent.

Ces rumeurs n'étaient que partiellement la vérité. De fait, Brad et Jennifer passaient la plus grande partie de leur temps ensemble, et ils envisageaient la possibilité d'acheter une propriété. Cependant, Brad habitait toujours sa maison de Briarcliff Drive sur les collines d'Hollywood. Peu de gens savaient exactement où elle se trouvait. Curieusement, elle ne figurait pas sur la plupart des cartes des demeures de stars que les touristes achetaient aux coins des rues dans le secteur d'Hollywood. Brad ne menait pas une vie tapageuse, et malgré sa tendance à se promener dans son quartier de résidence, il avait peu d'admiratrices suffisamment informées sur lui pour entreprendre le pèlerinage jusqu'à sa maison. Pourtant, une jeune femme obsédée par sa personne avait franchi le pas : non seulement elle avait appris où il habitait, mais elle était déjà allée voir sa maison, et en janvier 1999, elle projetait une autre visite.

Athena Rolando, âgée de 19 ans, se considérait comme la plus grande admiratrice de Brad Pitt, et la plus fidèle. Elle avait vu tous ses films, certains une vingtaine de fois. Elle croyait tout connaître de lui, de ses origines à ses activités de loisirs favorites en passant par ses aliments préférés. Athena idolâtrait Brad, et depuis des mois, elle suivait avec passion chacun de ses faits et gestes. Son attitude dépassait largement la simple admiration. Elle pensait qu'ils étaient destinés l'un à l'autre. Elle aimait Brad, elle voulait se consacrer à lui et l'épouser. Elle était persuadée qu'ils étaient faits pour vivre ensemble. Mais elle croyait aussi, et c'était le plus dangereux, que Brad éprouvait les mêmes sentiments à son égard.

Comme c'est le cas pour la plupart des gens qui traquent les personnes célèbres, on sait peu de choses sur le début de la vie d'Athena Rolando. Née dans le Montana, elle vécut ses premières années à Billings, une des plus grandes villes de cet Etat rural. Puis elle déménagea à Spokane, dans l'Etat de Washington, situé au nord-ouest des Etats-Unis. Jeune fille solitaire, elle était âgée de 19 ans en 1999, au moment des faits. Apparemment, elle n'avait plus de contacts avec ses parents depuis plus de six ans, ce qui signifie qu'elle serait partie de chez elle à l'âge de 12 ou 13 ans. Les raisons de ce départ prématuré sont inconnues, mais au moment où elle jeta son dévolu sur Brad Pitt pour en faire l'objet de son affection, son état mental s'était délabré au point de l'entraîner dans les pires illusions. Elle avoua plus tard avoir étudié la vie et la carrière de l'acteur comme s'il s'était agi d'un travail pour le collège. Elle avait vu tous les épisodes de *Dallas* dans lesquels il joue, et le seul épisode de *21 Jump Street* dans lequel il apparaît. Elle était capable de réciter les dialogues de tous ses films, de *Thelma et Louise* à *Rencontre avec Jœ Black*, son tournage le plus récent à l'époque. Elle avait vu Brad à la télévision, au cinéma et au moins une fois en chair et en os, lors d'une première. Mais ce n'était pas suffisant pour Athena Rolando. Elle voulait rencontrer l'acteur en tête à tête, afin de valider l'amour qu'il éprouvait pour elle, d'après ce qu'elle croyait.

Athena était irrésistiblement attirée par la maison située sur Briarcliff Drive. Elle avait longuement réfléchi à ce qu'elle ferait si Brad lui ouvrait la porte. Le mercredi 6 janvier 1999, elle s'était contentée d'aller errer autour de chez lui. Comme il faisait beau, elle avait attendu vainement sous le soleil hivernal de le voir apparaître. En fait, il y avait une bonne raison pour qu'elle ne le voie pas. Il était en plein tournage de *Fight Club* avec Ed Norton, et c'était aussi l'époque où il était allé en Grèce rendre visite aux parents de Jennifer.

La nuit suivante, le 7 janvier, Athena était de retour près de la maison. Elle arriva à Briarcliff Drive en taxi peu après minuit. Le chauffeur se souvint d'elle à cause de son comportement curieux. Elle était habillée aussi de façon très étrange, avec un simple peignoir de bain et des chaussons en fausse fourrure décorés d'une tête de Bunny. Elle resta un moment devant la propriété puis elle sonna à la porte, mais elle n'obtint pas de réponse. Comme elle s'impatientait, elle se mit à faire les cent pas en marmonnant. Finalement, non sans difficulté, elle grimpa par-dessus le mur, qui s'élevait à deux mètres cinquante environ. Apercevant une fenêtre ouverte, elle tira une poubelle le long de l'allée et la plaça en-dessous. Puis elle se hissa sur la poubelle et s'introduisit dans la maison. A l'intérieur, elle prit le temps de regarder autour d'elle et finit par trouver le chemin de la chambre de Brad. Elle s'attarda dans le dressing, fouilla dans les placards et les tiroirs, examina les effets personnels de l'acteur. Elle enfila quelques-uns de ses vêtements, dont un pantalon noir de jogging, un sweater vert, un chapeau bleu et des chaussures de tennis. Elle affirma plus tard qu'«elle avait eu froid».

Athena avait apporté quelques affaires avec elle, notamment un livre sur la sorcellerie, et une grosse épingle à nourrice entourée de rubans, dont elle révéla plus tard qu'il s'agissait d'une «poupée», et que c'était un cadeau destiné à Brad Pitt. Elle apporta aussi plusieurs lettres qu'elle lui avait écrites. Elle passa un long moment dans la maison, surtout dans la chambre de Brad, sans se soucier, apparemment, du fait qu'elle risquait d'être découverte. Elle finit même par s'endormir sur son lit. Ce lit ayant joué un rôle de premier plan dans la plupart de ses fantasmes obsessionnels, elle réalisa ainsi une partie de son grand rêve.

Tôt, le matin du 8 janvier, le gardien de la propriété, Richard Malchar, fut attiré par l'alarme qui s'était déclenchée. Il découvrit Athena endormie sur le lit de Brad. Comme il lui demandait ce qu'elle faisait là, elle répondit:
«Il fallait que je voie William. Je sentais que je devais venir. J'en avais un désir très fort. J'entendais des voix qui me disaient de venir dans la maison de William.»

Le fait qu'elle nommât Brad Pitt «William», son nom de baptême, quand elle parlait de lui ou qu'elle lui écrivait, prouve qu'elle se croyait très intime avec lui. Le gardien appela la police.

Les officiers Jones et Moreno patrouillaient dans les collines d'Hollywood quand ils reçurent un appel radio signalant un cambriolage. Le rapport laissant supposer que la victime avait maîtrisé un suspect, les policiers se précipitèrent vers la maison de Briarcliff Drive. Ils furent reçus par Richard Malchar, qui leur remit Athena Rolando. D'autres agents de Los Angeles rejoignirent Jones et Moreno. Parmi eux, l'officier Bennyworth. Ils lui posèrent quelques questions pour comprendre pourquoi elle se trouvait dans la maison et portait sur elle les vêtements de Brad Pitt. Elle répondit : «c'est difficile à expliquer, mais quelque chose me disait d'aller chez lui». L'officier Moreno lui demanda comment elle était entrée. Rolando raconta qu'elle avait sonné, mais que personne n'étant venu ouvrir, elle avait grimpé par-dessus le mur et elle était passée par la fenêtre ouverte. Aux autres questions, elle répondit :

«J'ai placé mon cadeau (l'épingle et le ruban) sur la table de la salle à manger. J'ai regardé dans des tiroirs de la chambre. En l'attendant, j'ai eu froid, alors j'ai mis quelques vêtements et des tennis.»

Elle ajouta qu'elle était dans la maison depuis environ une heure du matin. Quand on lui demanda encore pourquoi elle était venue, Athena répliqua qu'elle avait apporté un présent pour Brad : «J'ai fait une épingle de sûreté avec des rubans en couleurs. Je voulais qu'il l'ait.» Cependant, elle fut incapable d'expliquer le message symbolique de cette épingle, qui mesurait trente centimètres de longueur. Elle raconta aussi à la police qu'elle avait posé une carte sur le lit de Brad. Elle dit qu'elle était déjà venue plusieurs fois devant sa maison, mais qu'elle n'avait jamais réussi à y entrer, ajoutant qu'à d'autres occasions, elle avait déposé des lettres près du portail. Les enquêteurs trouvèrent effectivement tout cela dans la maison, ainsi que son livre traitant de sorcellerie dans sa chambre. Avant de partir, l'un des officiers de police photographia Athena Rolando dans le jogging, le sweatshirt et les tennis de Brad Pitt, puis ils l'emmenèrent au poste de Hollywood.

La facilité avec laquelle elle avait réussi à s'introduire dans la maison de Brad Pitt montre bien l'attitude de l'acteur envers ses fans, et l'absence de système de sécurité chez lui à cette époque. Il ne lui était jamais venu à l'esprit de garder à temps plein une présence armée autour de sa propriété, comme le faisaient certains de ses pairs. Quand il fut mis au courant de cette intrusion, il déclara :

«Cela ne m'étonne pas. Et cela ne m'alarme pas non plus. C'est choquant, mais je m'y attendais».

Les policiers continuèrent d'interroger Athena Rolando au commissariat. Ils voulaient savoir combien de fois elle s'était rendue près de la maison de Brad, et évaluer le danger qu'elle pouvait représenter pour lui. Ils se demandèrent si Athena était une simple admiratrice un peu trop exaltée, ou si elle représentait une réelle menace. Quand ils lui demandèrent combien de fois elle était venue, elle répondit :

«Trois fois depuis deux ans demi. La première fois, c'était en septembre 1996 ; j'avais laissé un mot sur le portail. La seconde fois, c'était hier.»

Les agents de police voulurent encore savoir par quel moyen elle s'était rendue à Briarcliff Drive. Elle leur expliqua qu'elle avait pris un taxi, et quand ils lui posèrent la question : «aviez-vous la permission de Brad ou du gardien pour entrer chez lui ou dans le jardin?», elle répondit «non».

Considérant qu'elle ne représentait un danger immédiat pour personne, ils décidèrent de la laisser en liberté. Athena ne leur paraissait ni violente ni dangereuse. Elle n'avait pas cessé de répéter qu'elle était entrée chez Brad parce qu'elle était «curieuse» et qu'elle «voulait avoir quelque chose à faire». Elle raconta que c'était «difficile à expliquer, mais quelque chose me disait de venir et d'être avec William». Elle fut accusée de s'être introduite dans une propriété privée, et libérée sans caution, en attendant qu'elle se présente à l'audience en février.

La police eut tôt fait de constater que ce n'était pas la

première fois qu'elle venait voir la maison de la star. En septembre 1996, elle avait effectivement laissé devant le portail une pile de lettres que Brad Pitt, au cours d'une interview, avait qualifiées de «menaçantes». Dans l'une d'elles, elle s'excusait d'avoir opéré un sortilège sur lui et sur son ex-petite-amie Gwyneth Paltrow, plusieurs années auparavant, dans l'espoir de saboter leur romance. Athena avait remplacé le nom de Brad par celui de Moon :

> *Moon,*
> *Toi et moi ici. Je suis une moitié d'orchestre, mais je fais une chanson complète. P.S. il y a trois ans et demi, j'ai opéré un sortilège sur toi et Miss Paltrow pour que vous vous sépariez. J'étais jeune et égoïste... je suis désolée. J'ai cru que cela marcherait.*
> *Et depuis, tes yeux n'ont pas cessé de me hanter.*
> *Même si la Magie n'est pas efficace... je suis sincèrement désolée.*
> *AR.*

Athena avait fait une erreur de dates. Elle croyait avoir lancé le sortilège trois ans et demi plus tôt, mais à cette époque, Brad n'avait pas encore rencontré Gwyneth Paltrow. Peut-être Athena le savait-elle et refusait-elle d'admettre la réalité. Brad avait une petite amie, et avant celle-ci, il en avait eu une autre. Mais pour Athena, ces femmes n'étaient que des obstacles temporaires à la relation plus durable qu'elle croyait entretenir avec l'acteur.

Une nuit de janvier 1998, à deux heures du matin, un collaborateur de Brad Pitt trouva Athena Rolando en train de rôder autour de la propriété. Elle était vêtue d'une sortie de bain et de chaussons. Se faisant passer pour une voisine, elle demanda si elle pouvait utiliser les toilettes de la maison. Elle dit qu'elle était très «curieuse au sujet de la personne qui vivait derrière ce portail». Cette fois-ci, Athena avait apporté un poème à son idole.

Hollywood avait là une histoire savoureuse à se mettre sous la dent. Une jeune fille rêvant d'être actrice s'était entichée de Brad Pitt et, sans y être invitée, avait pénétré dans sa maison, allant jusqu'à dormir dans son lit (et dans ses vêtements)! A peine Athena était-elle sortie du commissariat que l'intérêt des médias était à son comble. Une heure après qu'elle eut été libérée, Athena réunit une conférence de presse à Los Angeles. Tout sourires, elle raconta aux reporters et à l'équipe de caméramen «qu'elle n'était coupable de rien». Elle ne pensait pas avoir fait quoi que ce soit de mal. Elle annonça qu'elle aimerait rencontrer Brad afin de lui expliquer la raison de son comportement, ajoutant que «d'autres risquaient de faire bien pire». Elle déclara à la presse qu'elle était déjà allée devant chez lui, avant, mais elle fit remarquer qu'elle n'avait aucune mauvaise intention et qu'elle était simplement partie pour une «aventure mystique». Elle affirma que si les rôles avaient été inversés, si quelqu'un avait fait la même chose qu'elle, s'était introduit dans son appartement et avait porté ses vêtements et dormi dans son lit, «elle aurait été très flattée». Ce jour-là, la presse du cœur et les revues s'en donnèrent à cœur joie: «Je suis entrée dans le pantalon de Brad!» et «Ma nuit dans le lit de Brad!» hurlèrent les gros titres.

Cependant, les psychologues qui se penchèrent sur sa conférence de presse eurent un point de vue plus sérieux. D'après eux, il y avait un message sous-jacent dans tout ce qu'Athena avait fait cet après-midi-là: puisque elle était amoureuse de Brad Pitt, elle considérait qu'elle pouvait continuer à se comporter ainsi. Après avoir pris connaissance d'une de ses interviews, le Dr Staurd

Fischoff déclara sur CBS News que la jeune femme partageait quelques caractéristiques avec les admirateurs accusés de harceler les personnes célèbres. Il ajouta qu'elle devait s'imaginer dans une relation amoureuse avec Pitt :

« Elle se voit dans la relation romantique classique homme-femme, presque archétypale ; en fait, c'est une romantique en extase. »

Fischoff fit remarquer aussi qu'Athena Rolando était solitaire, ce qui était une caractéristique commune à de nombreuses personnes qui se livrent au harcèlement. « Ayant du mal à affronter les gens dans le monde réel, elles vivent ouvertement leurs fantasmes ». Fischoff souligna que l'audace dont fait preuve un admirateur en s'approchant de la personne qu'il traque est un signe de dangerosité potentielle. « Le fait de pénétrer dans sa demeure est l'un des signes les plus sérieux de menace réelle », dit-il, et si beaucoup d'acharnés paraissent inoffensifs, ils ont tendance à avoir une « partie de leur psychée sombre et fragmentée. » Dans leur ouvrage *Stalkers and their Victims*, Paul Mullen, Michele Pathe et Rosemary Purcell déclarent que dans la catégorie des « obsédés amoureux qui se livrent au harcèlement, ... les illusions semblent être le symptôme secondaire d'une maladie psychotique plus importante, le plus fréquemment la schizophrénie ou un trouble bipôlaire, plutôt qu'un syndrome d'illusion pur ou primaire. » Fischoff considérait que Rolando avait l'« esprit très perturbé » bien qu'elle parût cohérente, ce qui peut parfois être le symptôme d'une personnalité paranoïaque classique. L'attitude d'Athena Rolando après l'incident de Briarcliff Drive semble prouver que l'avis de cet expert était juste.

Au cours des semaines qui suivirent son arrestation par la police et sa conférence de presse, Athena Rolando chercha à bénéficier de sa notoriété en tant que « harceleuse de Brad Pitt». Elle ne montra aucun signe de remord ou de regret. Elle s'adressa aux médias chaque fois qu'elle en eut l'opportunité, et participa à des discussions à la radio et à la télévision, profitant de toutes les occasions pour se faire de la publicité, avec l'espoir que cela servirait ses ambitions d'actrice. Elle dit clairement à qui voulait l'entendre qu'elle avait un immense talent, et que les agents et les directeurs de studios de cinéma la connaissaient déjà. Voilà qui aurait pu faire croire que toute cette affaire n'était qu'un montage orchestré par Athena pour arriver à pénétrer dans l'univers des acteurs. Et pourtant, le texte paru peu de temps après son arrestation sur *TheHotButton.com*, le site hollywoodien consacré aux potins, raconte une toute autre histoire et insinue qu'Athena avait sans doute un motif bien différent, et peut-être plus funeste :

«La groupie de Brad Pitt qui a été arrêtée vendredi? Je la connais. C'est la jeune Athena Rolando, 19 ans. Elle était hôtesse dans un restaurant de la Sunset Plaza, le Chin Chin. Elle était blonde à ce moment-là, avec un tatouage subtil et un piercing à la langue. Elle était très belle. (Ne jugez pas son apparence d'après les séquences télévisées.) En fait, à un moment donné, elle a failli travailler pour *roughcut.com*. Elle cherchait un emploi, et je lui ai proposé de l'embaucher comme sténographe pour qu'elle transcrive mes interviews, mais le jour où elle devait commencer, elle m'a fait faux bond. Elle devait être en train d'acheter des cartes indiquant les maisons des stars. C'était une fille bizarre; elle avait peur qu'on la considère comme une ravissante idiote typiquement hollywoodienne. Elle n'arrêtait pas de dire à tout le monde qu'elle ne voulait pas être actrice. Malgré le bas salaire qu'elle touchait, elle jouait à la bourse avec l'espoir d'ouvrir une petite affaire à elle. Et maintenant, c'est tout ce qu'elle peut espérer. Si elle voulait être actrice, c'est fichu. Aujourd'hui, elle est devenue célèbre, mais parce qu'elle est cinglée. Et même si ça peut lui ouvrir une carrière dans le porno, le mieux qu'elle puisse faire est de quitter Los Angeles et commencer la vie dont elle parlait. Ailleurs.»

Pendant ce temps, Brad Pitt n'hésita pas à engager des poursuites contre elle. Le 25 janvier 1999, il déposa une plainte dans laquelle il demanda un ordre de restreinte pour Athena Rolando qui n'avait plus le droit de s'approcher de Brad Pitt ou de sa propriété à moins de 300 mètres. Il déclara que bien qu'il soit acteur, et vedette de cinéma, il avait le droit, comme tout citoyen, de protéger sa vie privée, et de vivre sans être traqué, harcelé, ou victime de violation de domicile. Il trouvait que la conduite de la jeune femme était «alarmante, et que ses motivations, ainsi que l'obsession qu'elle avait avouée, étaient devenues de plus en plus importunes et inquiétantes.» Dans sa déclaration devant le tribunal, Brad confirma qu'il ne «connaissait pas l'accusée Athena Rolando», qu'il ne lui avait jamais parlé et qu'il n'avait jamais tenté d'entrer en contact d'aucune sorte avec elle. Il déclara encore qu'il ne l'avait jamais invitée dans sa propriété, et encore moins dans sa maison. Il dit qu'il avait été informé le 7 janvier 1999 qu'une femme nommée Athena Rolando avait pénétré chez lui. Brad fit la requête suivante:

«Que le Tribunal interdise à Mlle Rolando de s'approcher de moi, de ma résidence, de mon lieu de travail ou de tout autre endroit où je puisse me trouver, et qu'il lui interdise toute autre forme de harcèlement».

Le 10 février 1999, armée du Code pénal et du Dictionnaire des termes juridiques, Athena Rolando comparut devant le tribunal de Los Angeles. Elle avait préparé elle-même sa défense. Avant d'entrer dans la salle, elle déclara aux journalistes que «tout irait bien», et que ce procès n'était «qu'une autre chose de la vie». Commentant la déposition faite contre elle, elle prétendit :

«Elle empiète sur certains de mes droits. En fait, j'aimerais engager moi-même un procès contre M. Pitt afin que ce soit lui qui garde ses distances par rapport à moi».

Pendant le procès, Athena donna plus que jamais l'impression de souffrir d'obsessions amoureuses. Elle expliqua qu'elle avait voulu offrir à Brad Pitt une «belle poupée vaudou», et qu'elle avait souhaité lui parler de leur relation. Elle évoqua d'autres couples célèbres, tels «Adam et Eve» et «Roméo et Juliette». Elle ajouta qu'elle n'avait pas de téléphone, qu'elle avait peu d'amis et qu'elle n'avait pas parlé à sa famille depuis des années. «Je ne recommencerai jamais. Cela ne pouvait arriver qu'une fois», affirma-t-elle. La jeune femme reçut l'ordre de rester à une distance minimum de 100 mètres de l'acteur et de sa maison, et lui interdit de le contacter, le déranger, le harceler, le traquer ou de l'attaquer sexuellement.

Au cours de l'audience du lendemain, le 11 février 1999, Athena Rolando ne nia pas les accusations de violation de domicile portées contre elle. Elle fut condamnée à trois années de mise à l'épreuve, et évita la prison en acceptant de consulter un psychologue. En outre, sa peine comprenait cent vingt heures de travaux d'intérêt public avec l'équipe de nettoyage des graffiti. Le Juge Dale Fischer lui interdit aussi de contacter Brad Pitt. En entendant ce verdict, Athena Rolando se mit à rire. Elle dit à la cour qu'elle avait pris rendez-vous chez un thérapeute mais qu'elle n'était encore allée à aucune séance. En fait, elle n'alla jamais voir le psychologue.

A la fin de l'année, Athena Rolando était loin d'avoir respecté les conditions requises par le juge. Convoquée le 8 novembre 1999 pour répondre de la violation des termes de sa mise à l'épreuve, elle raconta au juge Dale Fischer qu'elle n'avait pas suivi les séances de thérapie qui lui avaient été conseillées parce qu'elle n'en avait pas les moyens. Elle prétendit s'être présentée aux quatre premières séances obligatoires, mais ne pas avoir trouvé l'argent nécessaire pour payer les six autres. Elle avait cessé d'y aller en août 1999 pour cette raison. Elle conclut qu'elle n'avait rien à se reprocher. Très sceptique, le juge lui ordonna d'apporter ses factures et autres reçus pour qu'il puisse voir de quelle façon elle dépensait son argent. Il l'avertit que si elle faisait des achats superflus au lieu de consacrer son argent à la psychothérapie, elle serait envoyée en prison. Il fixa la date de l'audience suivante au 15 novembre. Le tribunal jugerait alors si elle avait violé les conditions de sa mise à l'épreuve, et déciderait si elle était trop pauvre pour honorer son engagement. Elle échappa encore à la prison en acceptant de reprendre son traitement.

On sait peu de choses sur ses activités pendant la période qui suivit cette audience, mais en ce qui concerne son idole, les informations ne manquent pas. Le 29 juillet 2000, sous une gigantesque tente installée dans une propriété de Malibu, face à la mer et loin des yeux des journalistes, Jennifer Aniston et Brad Pitt se marièrent devant quelque deux cents invités. Ils créèrent eux-mêmes leurs bagues et leurs serment de mariage, promettant de boire leurs «milk-shakes favoris à la banane» et de «partager le baromètre du bonheur.» A en croire la rumeur, leur mariage aurait coûté plus d'un million de dollars; des arrangements floraux très élaborés, pour un montant de 25 000 $, et des chandelles au sucre candi avaient été importés de Thaïlande; on donna un gigantesque feu d'artifice; quatre orchestres et un chœur chantèrent des gospels, et un jeune garçon de 12 ans imita Frank Sinatra.

Craignant une visite d'Athena Rolando ou d'autres importuns, les jeunes mariés avaient engagé Moshe Alon, un ancien agent du Mossad, les services secrets israéliens. Sa tâche consistait à refouler les personnes non invitées, en particulier Athena. Malgré les avertissements du juge, la jeune femme n'avait toujours pas consulté de psychologue. Le mois où Brad se maria, un mandat d'arrêt associé à une demande de caution de cinq mille dollars fut lancé contre Athena Rolando, qui ne s'était pas présentée aux deux convocations du tribunal pour rendre compte de ses séances de thérapie.

Il est peu probable qu'Athena Rolando ait envisagé, par la suite, d'entamer une action plus grave contre Brad Pitt et sa femme. Mais il n'était pas exclu qu'elle s'en prenne à elle-même. A cette époque, il y eut aux Etats-Unis plusieurs cas semblables au sien.

Dans le Connecticut, Margaret Ray, 46 ans, hanta le domicile du comique de télévision David Letterman. Une fois, on la trouva endormie sur son court de tennis. En 1988, elle commença une série d'actes étranges motivés par ses fantasmes amoureux destinés à attirer l'attention de Letterman : elle monta dans sa Porsche, garée dans le quartier de Manhattan à New York. Elle affirma ensuite être Mrs David Letterman, et être la mère d'un petit David Letterman, qui n'était en fait qu'un pur produit de son imagination. Elle passa 10 mois en prison et 14 mois dans une institution psychiatrique pour avoir traqué Letterman. En sortant, elle se jeta délibérément sous un train, près de chez elle, à Crawford dans le Colorado. Athena Rolando, avec ses idées fixes et ses fantasmes amoureux, pouvait très bien connaître le même destin.

Récemment, Brad Pitt et Jennifer Aniston ont déposé une nouvelle plainte auprès des tribunaux des Etats-Unis, cette fois-ci pour protéger un autre aspect de leur vie privée. Le 8 juillet 2001, le couple poursuivit en justice Dalmani International, la Société qui avait fabriqué leurs anneaux de mariage. Selon Pitt, les bagues étaient sa propre création ; il en avait l'exclusivité, et elle ne devaient pas être reproduites. Or, la société avait vendu des copies en prétendant avoir son accord et celui de Jennifer. Leurs bagues avaient été copiées, en or jaune et blanc 18 carats, et vendues mille dollars chacune. En janvier 2002, la Société accepta un règlement à l'amiable. Elle arrêta la production de cette bague, engagea Pitt comme designer, et Aniston comme mannequin pour présenter ses créations. Il n'est pas difficile d'imaginer que des groupies en proie à des «fantasmes amoureux» aussi envahissants que ceux d'Athena Rolando figurent parmi leurs meilleurs clients.

Certains pensent peut-être que la « Nuit d'Athena dans le lit de Brad !» n'était qu'une fredaine sans conséquences, pas plus grave qu'un coup de publicité, mais les motivations qui ont entraîné les actions de la jeune femme doivent être prises en considération. Athena Rolando croyait sincèrement que l'intérêt qu'elle portait à son idole était réciproque. Mais aux yeux de Brad Pitt, ce comportement indiquait jusqu'où peuvent aller quelques fans pour prouver leur «amour». Et cela montre aussi clairement qu'un tel harcèlement, s'il n'est pas enrayé très vite, peut finir par envahir la vie privée de la personne visée, la forçant, comme ce fut le cas pour la star, à se protéger en faisant appel à la justice.

Comme de nombreuses autres personnes célèbres ayant vécu les mêmes affres, Brad Pitt a réalisé qu'Athena Rolando était toujours là en train de penser à lui, et qu'un jour, elle pouvait très bien décider de revenir.

Brad Pitt
Je sais que vous m'aimez vraiment (pp. 79 à 102)

Brad Pitt et Gwyneth Paltrow à New York.
Harcelé par Athena Rolando qui fut condamnée à trois années de
prison avec sursis si elle suivait un traitement psychologique.

John Lennon
Beatlesmania (pp. 13 à 46)

Assassiné le 8 décembre 1980 devant le Dakota Building à New York
par Mark D. Chapman.

Mark D. Chapman

Photo d'identité de Mark D. Chapman

lors de son arrestation
le 9 décembre 1980.

Dix-huit ans après en 1998.

Vingt-trois ans plus tard en 2003.

Steven Spielberg
Je suis votre plus grand admirateur (pp. 47 à 78)

Steven Spielberg déclara au juge:
«J'ai eu des fans, certains très envahissants. Mais je n'en ai jamais vu arriver avec des menottes et du ruban adhésif et des cartes et des listes de noms de ma famille. J'ai vraiment l'impression d'être devenu une proie pour cet individu.»

Jonathan Norman harceleur de Steven Spielberg

Après le procès, Spielberg a conclu:
«Si Jonathan Norman s'était réellement trouvé en face de moi, je pense sincèrement, du fond du cœur, qu'il m'aurait violé, mutilé ou tué.»

CHAPITRE IV

VENGEANCE

Les observateurs experts en la matière ont décelé plusieurs types de personnalités qui s'adonnent au harcèlement. Un harceleur potentiel peut présenter un mélange de caractéristiques empruntées à chacune d'elles. En général, dans les cas d'«obsession simple», la personne qui en harcèle une autre, a déjà eu une relation avec l'objet de ses fantasmes. Cependant, même si son trouble n'est qu'une «obsession simple», elle peut avoir des tendances au harcèlement impliquant des fantasmes érotomaniaques.

Andrew Cunanan est issu d'une famille dysfonctionnelle. En 1961, sa mère, MaryAnn Schillaci, d'origine sicilienne, avait rencontré dans un bar de Long Beach le Philippin Modesto Cunanan, alias «Pete». Dix ans plus tôt, en arrivant aux Etats-Unis, Pete s'était engagé dans l'armée américaine. Il travaillait à la morgue, dans les hôpitaux de la Marine, mais il désirait obtenir un meilleur emploi. Il avait une conscience aiguë de sa culture philippine. Il fit immédiatement une forte impression sur MaryAnn, qui était pourtant fiancée dans l'Ohio et qui avait 10 ans de moins que lui. Ils commencèrent à vivre une histoire passionnée, et se marièrent en mai 1961, alors que MaryAnn était enceinte de 6 mois.

Pete, qui travaillait dans la Marine, étant souvent parti, MaryAnn l'attendait en Californie. Quand ils déménagèrent à National City, une petite ville de chantiers navals dans la banlieue de San Diego, le couple avait trois enfants : Christopher, Elena et Regina. Les longues séparations continuaient, alimentant la suspicion entre les époux. Pete alla jusqu'à croire qu'il n'était pas le père d'un des enfants. Il semblerait que MaryAnn et lui n'étaient pas heureux ; d'après certaines rumeurs, ils échangeaient des violences physiques et verbales. Pete, qui avait été incorporé dans les Marines alors que la guerre du Vietnam s'intensifiait, travaillait dans l'hôpital naval de San Diego quand Andrew vint au monde, en 1969. La relation, distante à ses meilleurs moments, qui s'était installée entre le couple prit une tournure catastrophique à partir du jour où MaryAnn commença à souffrir d'une grave dépression post-natale.

En 1972, Pete prit sa retraite avec une pension complète de fonctionnaire en chef. Un an après, la famille partit s'installer à quelques kilomètres, dans la banlieue de Bonita. Rêvant de faire une nouvelle carrière dans un service financier, Pete entreprit des études qui le menèrent finalement à une maîtrise de gestion. Avec l'argent hérité du père de MaryAnn, les Cunanan achetèrent une maison californienne de style «ranch». Désormais, ils vivaient dans l'environnement plus raffiné d'un quartier de la classe moyenne, et les enfants avaient accès à de meilleures écoles.

Cependant, Andrew refusait de fréquenter ses voisins. Se croyant différent, il pensait mériter mieux. De fait, dans ce genre de voisinage où les enfants d'immigrés ne trouvaient généralement que du travail manuel, il était vraiment différent. Il sortait du commun par trois aspects : il était très beau, avec des yeux noirs et le teint «hâlé toute l'année» typique des enfants qui ont une double origine philippine et européenne, et très intelligent. Il mémorisait des pages entières de l'encyclopédie. Il aurait même lu la Bible à 7 ans, peut-être à la demande de sa mère. Sa troisième caractéristique était son incapacité apparente, à sympathiser avec des enfants de son âge. L'été, pendant que les autres garçons jouaient dehors au base ball ou à d'autres jeux, Andrew restait chez lui à lire l'encyclopédie ou à regarder la télévision. Décrit comme un «véritable petit garçon à sa maman», Andrew ne s'écartait pas des jupes de sa mère. Celle-ci était très possessive et prenait toujours sa défense. Il est clair que sa relation avec son père était identique, quoique moins intense. Il semble que MaryAnn et Pete aient été en compétition constante pour s'attirer l'affection ou l'approbation d'Andrew, dès son plus jeune âge. C'était leur fils cadet et leur enfant préféré. Alors que sa mère l'étouffait d'affection, Pete l'emmenait se promener en ville. Ils achetaient souvent des vêtements, surtout pour Andrew. Pete donna à son fils le culte des apparences, en lui apprenant à bien s'habiller, à avoir une belle allure et à se faire remarquer. Dès l'enfance, Andrew plaça cette attitude très haut sur son échelle des valeurs.

Grâce au favoritisme que lui témoignaient ses parents, il fit exactement ce qu'il voulait. Son intelligence, sa bonne apparence et son tout nouveau style s'ajoutèrent à l'auto-satisfaction dont il faisait preuve, et cela depuis qu'il était très jeune. Ses parents l'inscrivirent au collège tout proche de Bonita Vista. A 12 ans, Andrew entra à l'école avec un coefficient intellectuel exceptionnel de

147 points. Il passa deux ans à Bonita, pendant lesquels sa personnalité et son image eurent peu de rapports avec ses véritables racines. Ses parents, qui l'adoraient mais dont il était de plus en plus détaché, ne le découragèrent pas. Apparemment, il voulait devenir quelqu'un de raffiné.

Au début de 1982, à l'âge de 13 ans, Andrew se réinventait. Il tentait de se faire passer pour un fils choyé d'une famille riche. Dès cette période, alors qu'il était encore jeune, il n'hésita pas à nier ses origines. Et il évita de fréquenter des garçons philippins. Certains étudiants remarquèrent ses airs de supériorité, et le fait qu'il parlait beaucoup d'actions boursières, de restaurants et de vêtements. Il paraîtrait qu'un jour, à l'occasion de l'anniversaire d'un élève qui fêtait ses 12 ans, Andrew se serait plaint qu'il n'y avait pas de Perrier! La plupart des gens voyaient dans les «poses» d'Andrew les excentricités d'un jeune garçon impressionnable, et ne doutaient pas que ses airs prétentieux seraient bientôt balayés quand il serait au lycée, ou qu'il se retrouverait face à la réalité de la société.

L'année suivante, il fut accepté dans la très exclusive Bishops School de La Jolla. Version côte ouest des grandes universités du nord-est, Bishops était l'exemple même de l'ascension sociale pour Andrew et sa famille. MaryAnn avait envoyé des demandes à plusieurs écoles privées de la région, et Bishops était certainement la meilleure. Où trouverait-on l'argent pour la payer, c'était une autre question. Les frais d'écolage tournaient autour de cinq 1000 $ par an. Mais MaryAnn et Pete décidèrent que cela valait la peine.

Ils paraissaient heureux de participer au fantasme, qui devait être temporaire, d'un Andrew riche et brillant s'inscrivant dans une école dont il était digne par sa naissance. Il est difficile de dire quel impact le traitement spécial que reçut Andrew eut sur ses frères et sœurs. Les deux aînés, Christopher et Elena, étaient passablement livrés à eux-mêmes, et décrits par leur propre mère comme des « enfants de la rue ». La plus jeune, Gina, était aussi intelligente qu'Andrew, et il semblerait qu'elle ait profité de certains des privilèges de son frère.

Le dossier d'inscription pour Bishops, qu'Andrew avait rempli à la main, illustre son désir d'être différent, et sa tendance innée à embellir les circonstances de sa vie. A la question : « Que faites-vous pendant vos loisirs ? », Andrew répondit qu'il était un « lecteur fanatique », et qu'il aimait aussi « jouer aux échecs, acheter des vêtements, rouler en Mercedes et courir ». Il déclara que son premier vœu était de « réussir, d'avoir une maison ouvrant sur l'océan, deux Mercedes, quatre baux (sic/beutiful au lieu de beautiful) enfants, trois baux (sic) chiens et une belle relation avec Dieu. »

Le fait que ce dossier ait été rempli sous la supervision de sa mère en dit long. La relation mère-fils était toujours aussi intense, et Andrew avait manipulé ses deux parents pour qu'ils accèdent à tous ses caprices.

A Bishops, Andrew paraissait très sûr de lui, et jouait les fils de riches. Il parlait peu de sa famille, et n'évoquait jamais ses racines asiatiques. Bien qu'il se fût positionné lui-même sur la rampe de lancement pour sa future réussite, à un niveau bien supérieur à celui d'un enfant issu de son milieu, il était plein de ressentiment. Nombre de ses camarades de classe étaient vraiment riches, appartenant déjà à la société mondaine dans laquelle Bishops les préparait. Néanmoins, l'école aimait donner d'elle-même une image égalitaire, où tous les étudiants avaient les mêmes chances, et le fait de développer la connaissance des couches les plus défavorisées de la société était considéré comme un excellent outil pédagogique. Cependant, apprendre à connaître les classes pauvres et en faire partie étaient deux choses bien différentes.

Andrew prenait soin de ne pas dévoiler ses racines, de peur d'être frappé d'ostracisme. Il avait l'opportunité d'aller de l'avant, de laisser derrière lui les privations de ses jeunes années à National City, et de devenir «quelqu'un»; en outre, ses parents partageaient sa vision de la vie, et désiraient jouer le jeu, quel qu'il fût, à ses côtés pour l'aider à réussir.

Andrew commença à se faire remarquer des autres étudiants par son extravagance. Il n'y avait pas de doute, ses vêtements inhabituels et ses manières efféminées le distinguaient des autres garçons. Mais ce n'était pas très surprenant, puisque Andrew avait toujours souhaité être à part. Selon Maureen Orth, dans son livre *Vulgar Favors*:

«Les années 20 et 30 en France et en Angleterre étaient ses références favorites, notamment parce qu'Andrew trouvait que c'étaient des " périodes gaies "... Il était tellement exalté par le roman d'Evelyn Waugh *Retour à Brideshead*, que... par émulation avec Flyte, Andrew se mit à arborer partout dans Bishops un ours en peluche qu'il appelait Bully.»

Toujours sous l'influence de sa mère abusive, Andrew évitait la compagnie féminine et gravitait autour des mâles les moins menaçants de sa classe. Son allure efféminée, souvent scandaleuse, le fit certainement remarquer, mais curieusement, il resta relativement à l'abri des brutes potentielles, qui préféraient l'ignorer, lui et son attitude ostentatoire. Sans doute, n'importe quel garçon ayant le courage d'annoncer «je suis gay», au début de son adolescence à la mode d'Andrew, serait considéré comme quelqu'un doué d'un courage exceptionnel, ou d'une bêtise exceptionnelle. Mais parmi les camarades d'Andrew, cela

ne fit que semer la confusion. Maureen Orth a écrit:
Andrew a vite réalisé qu'en jouant les homosexuels flam-
boyants, il gagnait la renommée qu'il désirait si désespérément. Quand quelqu'un le traitait de tapette, il
répondait à la vitesse de l'éclair: «Tu veux y goûter?»

Selon Maureen Orth, les camarades de classe d'Andrew étaient partagés sur son comportement. Beaucoup
l'aimaient bien, voyaient en lui un garçon «suave, géné-
reux et sincèrement soucieux de son prochain», d'autres
trouvaient qu'il était «triste et pathétique». Les années
passant, certains étudiants disaient qu'il «devenait pro-
gressivement pire qu'avant – plus bruyant, plus excessif.
On l'entendait à l'autre bout du hall, et c'était amusant
d'être près de lui, à peu près autant que de voir un accident
de train – c'est terrible, un vrai gâchis, mais on a envie de
regarder!»

A quel moment le comportement d'Andrew glissa-t-il
d'une excentricité démesurée, destinée à attirer l'attention,
à l'homosexualité vraiment pratiquée, personne ne le sait.
Quand il quitta Bishops, il devait déjà avoir eu des
expériences et être entré en contact avec l'univers gay du
sud de la Californie. Il était probablement bien connu dès
l'âge de 15 ans dans certains bars homosexuels de San
Diego. Il se vantait, auprès de qui voulait l'entendre, de
ses rencontres sexuelles torrides avec des hommes plus
âgés que lui, qui lui offraient des cadeaux et de l'argent
pour obtenir ses faveurs. Ses histoires en révoltaient
certains, en titillaient d'autres; étaient-elles véridiques
ou nées dans l'imagination d'Andrew pour attirer encore
l'attention sur lui, personne ne l'a jamais vraiment su.

Quand Andrew reçut de Pete une Mastercard, il put
jeter de la poudre aux yeux de ses amis en les invitant à
dîner. Il se faisait souvent appeler Andrew DeSilva quand

il réservait une table. Les DeSilva, une riche famille qui vivait dans un quartier résidentiel au nord de La Jolla, où la moindre maison valait plusieurs millions de dollars, incarnaient les aspirations d'Andrew : à la tête d'une énorme fortune, ils étaient raffinés et avaient des relations. Andrew utilisa certainement le nom de DeSilva dans les bars homosexuels qu'il fréquentait la nuit.

Mais la Mastercard devint bientôt inutile. Chez les Cunanan, les frictions entre Pete et MaryAnn atteignirent leur apogée en 1988. Le couple ne se sépara pas après un divorce en bonne et due forme ; Pete disparut un beau jour, laissant MaryAnn et sa famille avec rien.

Il avait même vendu la maison, lourdement hypothéquée, ainsi que la voiture. Des coups de malchance successifs survenus dans son travail d'agent de change avaient fini par le rattraper. Il disparut dans un nuage de suspicion et de combines financières, utilisant un visa de vacances pour retourner aux Philippines, son pays natal.

Bien que sa relation avec sa mère en eût été renforcée, Andrew fut atterré quand il comprit que Pete était parti. Une autre difficulté devait encore se présenter à lui : même s'il avait réussi à parler le moins possible de Pete à ses copains bien nantis, comment allait-il leur expliquer son départ ? En outre, la fuite de son père provoquait un énorme problème d'argent : Andrew était arrivé en dernière année à Bishop. Il comprit qu'il n'aurait pas les fonds nécessaires pour s'inscrire dans l'une des meilleures universités que ses camarades allaient fréquenter.

A la fin de sa dernière année d'études secondaires, Andrew se retrouvait presque à son point de départ : au barreau inférieur de l'échelle. Il ne pouvait pas entrer dans l'une des huit meilleures universités du nord-est, et sa vie familiale était anéantie. En revanche, il avait gardé plusieurs contacts avec des personnes rencontrées à

Bishops, ainsi qu'une aptitude très raffinée à mentir et à inventer des histoires et des personnages prestigieux. A la fin de l'année scolaire, il fut mentionné dans le livre d'or de Bishops comme l'étudiant susceptible de «laisser un souvenir impérissable». C'était peut-être un commentaire sincère de ses camarades, ou un compliment équivoque. Quoi qu'il en soit, les étudiants n'imaginaient certainement pas qu'Andrew Cunanan allait effectivement laisser un «souvenir impérissable.»

Andrew s'inscrivit au cursus d'histoire de l'université La Jolla, à San Diego, Californie, et quitta la maison de sa mère.

Ce départ coïncide probablement avec l'émergence du véritable Andrew Cunanan – mais qui était-il vraiment? A partir de ce moment-là, «Andrew Cunanan» se mit dans la peau de personnes imaginaires qu'il avait toujours rêvé d'être. Loin de sa famille, il pouvait se faire passer pour celui qu'il voulait, et faire ce qui lui plaisait. La fréquentation de jeunes gens riches lui avait ouvert de nouveaux horizons. Son imagination, son désir de poursuivre et d'atteindre ses objectifs, et son narcissisme eurent finalement l'opportunité de s'épanouir.

Juste après avoir obtenu ses diplômes, et avant de se lancer dans sa nouvelle vie, Andrew décida qu'il devait aller voir son père aux Philippines. S'il était horrifié par l'attitude de Pete envers sa mère, il était également très perturbé par son brusque départ. Mais la situation de son père à Manille l'épouvanta encore plus. Pete vivait dans une cahute, au fond de l'un des quartiers les plus pauvres de la ville. Les égouts à ciel ouvert se répandaient dans les rues, les poules et les cochons partageaient les mêmes pièces d'habitation que les humains, et une odeur putride flottait partout. On a dit qu'Andrew se serait réconforté en allant draguer dans les quartiers gay de cette ville tentaculaire – mais on ignore s'il était «vendeur» ou «acheteur». Si son but initial avait sans doute été d'affronter Pete ou de lui pardonner, il ne resta pas assez longtemps pour aller jusqu'au bout. Il repartit 5 jours plus tard.

De retour en Californie, Andrew se vit offrir un arrangement de rêve. Liz Cote, une amie qu'il avait rencontrée à Bishops, allait se marier avec Philip Merrill, de 10 ans plus âgé qu'elle. Le couple envisageait de vivre dans le quartier de Berkeley, à San Francisco. Riche et sociable, Liz aimait bien Andrew, qu'elle trouvait amusant. Philip, qui l'appréciait aussi, pensa que sa femme serait heureuse d'avoir un ami dans le voisinage, surtout un ami aussi inoffensif sur le plan sexuel. Pour Andrew, c'était une chance inespérée. On lui proposait d'être, en quelque sorte, un «homme de compagnie», et de vivre dans un quartier cossu sans avoir à débourser un centime. Cette offre lui convenait à merveille. En outre, Berkeley était situé de l'autre côté de la baie, en face de Castro, le quartier de la ville connu pour être le «carrefour du monde gay». C'était là un véritable bonus.

Andrew n'eut aucun mal à s'adapter au mode de vie de Liz et de Philip. Il apportait son aide dans la maison, et il pouvait utiliser leur voiture tant qu'il voulait. Quand Liz et Philip se marièrent, en mars 1989, il fut leur garçon d'honneur, et il devint le parrain de leur premier enfant, né en 1990. Il trouva des emplois intérimaires dans plusieurs grandes institutions financières de San Francisco. Les travaux de classement et de tri n'avaient rien de pénible, mais ils étaient presque dégradants pour quelqu'un qui avait l'intelligence d'Andrew. Il ne voulait pas vraiment travailler. Liz lui aurait donné de l'argent s'il lui en avait demandé, mais il ne voulait pas. En gagnant un peu d'argent, il avait son indépendance, quelque limitée qu'elle fût. Il le dépensait dans les bars et les clubs du quartier Castro.

En dépit de son comportement extravagant à Bishops, dont Liz avait souvent été témoin, Andrew n'avait jamais vraiment affirmé son homosexualité. En fait, il n'avait jamais admis être quoi que ce soit. A Berkeley, il menait une double vie : le jour, il était Andrew Cunanan, un gardien de propriété agréable, toujours prêt à prodiguer son aide, et qui avait parfois un emploi temporaire ; la nuit, il devenait un homosexuel, avec un penchant pour le côté sombre de la scène gay de San Francisco. L'étendue des contacts sexuels d'Andrew est impossible à évaluer en comptant les hommes qui disent l'avoir connu, ou avoir eu des relations sexuelles avec lui à cette époque. Andrew étant un menteur invétéré – il mentait sur sa personnalité, ses origines, son environnement social et ses conditions financières – il est difficile de connaître le nombre de relations qu'il peut avoir eues sous ses différentes personnalités. En tant qu'Andrew Cunanan, il en a eu des quantités. En tant qu'Andrew DeSilva, nom qu'il prenait certainement souvent, il avait fait aussi de nombreuses rencontres.

Il prenait aussi le nom de Drew Cummings. Sous ce pseudonyme, il raconta à de futures proies ses aventures de pseudolieutenant de marine. Le quartier de Castro permet de satisfaire tous les caprices homosexuels. Les clubs et les bars de nuit tels que le Midnight Sun et Badlands étaient ses lieux favoris pour draguer, faire des rencontres sans lendemain, juste des rapports sexuels. Andrew quittait la demeure des Merrill avec peu d'argent sur lui et revenait avec une belle somme liquide dans les poches. Il décrivait à ses amis le dîner et les boissons qu'il avait consommés, mais il ne mentionnait jamais l'origine de ses gains.

Au Midnight Sun, Andrew rencontra Eli Gould, un

avocat juif qui défendait de nombreux clients de l'industrie informatique, alors en plein essor à San Francisco et dans les environs. Quelques semaines après, il affirma qu'il était lui-même à moitié juif, déclaration bizarre pour quelqu'un qui offrait une origine philippine si évidente. Mais c'était sa «coqueluche du moment», et comme pour chacun de ses engouements passagers, il jouait le jeu à fond. Andrew devint un des compagnons d'Eli, dont les relations pouvaient lui ouvrir une porte dans un milieu auquel il avait toujours soif d'appartenir. C'est à cette époque qu'Andrew rencontra Gianni Versace, pour le plus grand malheur de celui-ci.

Versace était né le 2 décembre 1946 à Reggio de Calabre, à l'extrême sud de la botte italienne. Fasciné par la mode et le design sous toutes ses formes, et souhaitant par-dessus tout échapper au milieu conservateur et étouffant de l'Italie méridionale, il partit pour Milan à l'âge de 25 ans, afin d'y faire ses premiers pas de styliste.

Dans l'univers de la mode, son ascension fut fulgurante. En 1978, il présenta à Milan, au Palazzo della Permanente, sa première collection féminine signée de son propre nom. La reconnaissance internationale devait suivre rapidement. En 1982, il gagna le premier d'une longue série de prix qui allaient jalonner sa brillante carrière: «L'Œil d'Or», décerné au meilleur designer de mode pour la collection féminine automne-hiver 1982-1983. Dans cette collection, il montrait ses fameux vêtements métalliques, qui allaient devenir un trait classique de son style. La même année, il entama une collaboration avec la Scala de Milan, et dessina des costumes pour le ballet de Richard Strauss, *Josephlegende*.

Vers le milieu des années 1980, la maison Versace s'était développée en créant des parfums, des accessoires, des meubles, et tout ce qui pouvait être considéré comme un produit «de la mode» sur le marché mondial. Mais l'intérêt de Versace pour le théâtre et la danse n'avait pas faibli pour autant. Ses créations pour l'un et pour l'autre furent acclamées dans toute l'Europe. Son réseau de boutiques continua aussi à prendre de l'ampleur. Il ouvrit des succursales dans la plupart des capitales européennes. En 1989, l'empire Versace était devenu une véritable multinationale, avec un chiffre d'affaires de plusieurs millions de dollars. Bien que Gianni Versace ne désirât pas faire parade de son homosexualité, il ne la cacha jamais, et il s'investit bientôt dans toutes les actions de lutte contre le sida, au côté de deux amis: Elton John et la princesse Diana. Pour le monde gay, il était un symbole, à un degré que n'avait encore atteint aucune autre personnalité marquante de la communauté homosexuelle. Pour tous ses membres, rencontrer Versace signifiait plus que d'être «branché»; c'était un honneur, un événement qui changeait la vie.

Quant à Andrew, il semble n'y avoir aucun doute sur le fait qu'il ait rencontré le designer. Ce qui est moins clair, cependant, c'est le niveau que leur relation avait atteint. Les avis sont nombreux et variés, les plus extravagants ayant été énoncés par Andrew lui-même; mais selon des témoignages provenant de sources fiables, les rapports qu'Andrew a entretenus avec l'un des plus grands créateurs au monde ne s'arrêtaient pas à une simple poignée de main amicale.

Comme le relate Maureen Orth dans *Vulgar Favors*, Versace avait dessiné les costumes pour *Capriccio*, de Richard Strauss, dont la première eut lieu à l'opéra de San Francisco en octobre 1990. L'arrivée d'un dieu homosexuel dans la communauté gay de cette ville fut une nouvelle de taille. Il y eut une compétition serrée pour obtenir billets et invitations permettant d'aller à toutes les soirées où il apparaîtrait. L'une d'elle se déroula au Colossus, une immense boîte disco gay où le créateur se rendit à l'occasion de son entrée dans l'univers homosexuel de San Francisco. Val Caniparoli, un chorégraphe des ballets de la Ville, offrit des entrées à Eli Gould, qui invita Andrew. Selon Maureen Orth, à peine savait-on que Val allait travailler avec Versace qu'Andrew affirma: «Je le connais. Je l'ai déjà rencontré.» Il raconta qu'il avait fait la connaissance de Versace dans sa maison de campagne, en Italie. En réalité, il n'avait jamais mis les pieds dans ce pays. La seule preuve, souvent évoquée, qui puisse laisser penser qu'Andrew connaissait vraiment Versace, est ce qui se passa ce soir-là au Colossus.

Dans ce club, Andrew et Eli attendirent la star dans la pièce réservée aux VIP. Accompagné de plusieurs personnes, Versace entra d'un pas majestueux et resta le point de mire des curieux et de ses adorateurs, qui vinrent lui présenter leurs respects. Soudain, il se dirigea vers Andrew. Arrivant près de lui, il lui aurait dit: «Je vous connais. Lago di Como, no?» Sa maison près de la frontière suisse était un de ses sujets favoris pour entamer une conversation. Au dire de tous, Andrew, très flatté, aurait répondu: «C'est exact. Merci de vous en souvenir, Signor Versace». Puis il lui présenta Eli, et ils discutèrent tous les trois pendant un moment avant que Versace ne s'éloigne.

D'autres témoignages de la présence d'Andrew en compagnie de Versace ou dans son entourage, au cours des quelques jours que le couturier passa à San Francisco, ont alimenté la rumeur selon laquelle ils n'étaient pas de vagues relations. Comme l'a écrit Maureen Orth, Doug Stubblefield, un autre ami d'Andrew Cunanan, a affirmé l'avoir vu dans la limousine blanche de Versace.

Eric Gruenwald, un avocat de Los Angeles, se rappelait aussi avoir vu Andrew en compagnie de Versace au

Colossus. Quoi qu'il en soit, le fait qu'Andrew ait rencontré quelqu'un qu'il qualifiait de «royal» a dû sans aucun
doute avoir une forte influence sur lui. Il s'est certainement
réchauffé aux reflets de la gloire du dieu de la mode,
quand celui-ci l'a choisi pour lui accorder ses faveurs.
Andrew a dû rêver de vivre encore d'autres expériences
semblables.

La plupart des rumeurs selon lesquelles il y aurait eu
d'autres rencontres entre Andrew et Versace ne sont pas
dignes de foi. Mais certaines émanent de témoins oculaires
et comportent suffisamment de détails pour être en partie
crédibles. Le problème de savoir si ces liaisons ont bien
existé vient d'Andrew lui-même. Il avait une telle propension
à exagérer et à mentir que toutes ses références à des
sorties nocturnes, ou à des rencontres sexuelles avec
Versace, finissaient par passer pour de purs produits de
son imagination fertile, destinés à attirer l'attention et
l'intérêt de jeunes hommes. Cependant, il ne devait pas se
mettre à traquer Versace tout de suite. Il avait au préalable
d'autres questions urgentes à régler.

En effet, la vie d'Andrew connut encore un changement
quand les Merril décidèrent de partir à Sacramento. Il
pensa que cette ville ne lui conviendrait pas. Mais sans les
Merrill, il n'aurait plus ni sécurité affective ni sécurité
financière. Au lieu d'affronter les réalités de San
Francisco sans Liz et Philip, Andrew laissa son naturel
reprendre le dessus et retourna vivre chez sa mère. Il se
réinscrivit aux UCSD et commença à traîner avec un
groupe de riches homosexuels – le groupe des Hillcrest –
des hommes d'âge mûr qui avaient un penchant pour les
beaux jeunes gens d'une vingtaine d'années. Dans ce
quartier gay de San Diego, Andrew devint une figure
connue des bars. Il est probable qu'il se créa des difficultés

en essayant de cultiver des relations avec ces hommes plus âgés, et plus discrets sur leur sexualité, tout en continuant à draguer dans les bars de nuit sans aucune discrimination. Si ces messieurs s'intéressaient à lui, ils ne voulaient sans doute pas que tout le monde le sache.

En 1992, Andrew rencontra un des hommes qui allaient prendre une place importante dans sa vie. Jeff Trail était un jeune et élégant officier de marine. Originaire de Dekalb dans l'Illinois, il venait d'une famille conservatrice typique du middle-west, et de tradition militaire. Jeff avait trouvé un poste à l'Académie Navale des Etats-Unis d'Annapolis, dans le Maryland. Il était homosexuel mais ne l'avait jamais révélé auparavant. Quand son bateau fit escale à San Diego, il fut attiré par Hillcrest et par Andrew. Jeff était beau, de compagnie agréable et, en apparence, il suivait le droit chemin – d'une façon toute militaire, pourrait-on dire. Andrew, qui s'était entiché de lui, souhaitait que leur liaison soit plus profonde, mais Jeff s'intéressait à d'autres jeunes hommes qu'il lui avait présentés. A l'évidence, dès que Jeff accepta le fait qu'il était gay, il s'adonna sans retenue à ses penchants. Sa popularité le conduisit inévitablement à une série d'histoires sans lendemain. Tout aussi inévitablement, Andrew se révéla très jaloux. Alors qu'au début les deux hommes sortaient ensemble, Jeff se fit d'autres amis dans les communautés gay et hétérosexuelle. Il était agréable et se liait facilement. Le moment venu, ces qualités devaient être le catalyseur du harcèlement impitoyable dont il allait être victime, et de la folie meurtrière d'Andrew.

Pendant que Jeff faisait d'autres rencontres, Andrew fréquenta un homme beaucoup plus âgé que lui. Norman Blachford, 58 ans, était un multimillionnaire, qui venait de Phœnix, dans l'Arizona, passer ses vacances à La Jolla. Les hommes âgés n'étaient pas précisément le genre du jeune homme, mais avec Norman, qui était pour lui une véritable vache à lait, Andrew comprit qu'il pourrait mener le jeu. Au début, Norman se montra peu enclin à la dépense, mais il finit par entretenir son jeune ami dans sa maison de Phœnix ou de La Jolla. Ils commencèrent à voyager ensemble. Les connaissances d'Andrew en musique, en art et en architecture, ajoutées à son intimité avec le monde homosexuel, captivaient son ami. Andrew devint son compagnon presque permanent et, en 1995, il emménagea dans son appartement à la Jolla. C'était lui qui menait la danse, et il avait le bénéfice supplémentaire d'être un «homme entretenu». Norman payait tout – ses cartes de crédit, sa nouvelle voiture et toutes ses dépenses. La communauté gay ne tarda pas à commenter leur liaison, disant qu'Andrew avait une relation avec un riche «papa gâteau».

Malgré l'intérêt matériel de cette situation, Andrew finit vite par trouver la vie avec Norman un peu contraignante. Il était resté en contact avec Jeff, non par amitié, mais parce qu'il le considérait toujours, semble-t-il, comme sa «propriété». Même s'il pensait n'avoir de comptes à rendre à personne, Jeff était conscient du besoin de ménager Andrew. Il avait déjà constaté ses sautes d'humeur et il n'avait pas envie d'avoir affaire à un Andrew hors de lui.

En novembre 1995, Andrew se rendit à San Francisco et prit une chambre dans le luxueux hôtel Mandarin Oriental. Il avait pris goût à ce voyage, qu'il faisait aux frais de Norman. Il allait voir des amis et visiter ses lieux favoris dans le quartier de Castro. Un soir, il rencontra David Madson. David avait presque toujours vécu dans la région de Minneapolis, avant de passer un diplôme d'architecture à l'université du Minnesota. Il avait caché son homosexualité pendant toute sa vie de jeune adulte. Comme c'était le cas pour beaucoup de citadins des petites villes du middle-west, ses voyages lui offraient l'opportunité de vivre des aventures dans les lieux gay. David trouva Andrew intéressant et drôle, et apprécia qu'il connaisse bien le Castro. De son côté, Andrew trouva David séduisant, doux et réfléchi. L'intérêt et les connaissances de David pour tout ce qui touchait à l'architecture lui plurent aussi particulièrement ; en outre, David était mignon, ce qui ne gâtait rien ! Ils sympathisèrent aussitôt et passèrent leur première nuit ensemble au Mandarin. Andrew décida de ne pas parler à David de sa liaison avec Norman, et quand ils se quittèrent, il lui promit de rester en contact avec lui.

Comme d'habitude, Andrew avait menti aux deux hommes. Norman le croyait à San Francisco avec sa fille et son ex-épouse, un prétexte qu'Andrew avait trouvé pour ses fréquentes virées érotiques dans la baie. Quant à David, il croyait qu'Andrew faisait partie d'une riche famille qui voulait protéger sa vie privée en gardant un profil bas et en ne divulguant pas son adresse. C'était donc à Andrew que revenait le soin d'arranger leurs rendez-vous. Ils se virent régulièrement à San Francisco alors qu'Andrew vivait toujours avec Norman Blachford. En même temps, il continuait à fréquenter les bars gay de San Diego et il commença à apparaître dans les clubs sado-masochistes. Mais il était prudent. Etant très connu dans le quartier gay de San Diego, il préférait satisfaire cette autre facette de ses multiples personnalités à l'occasion de ses voyages.

Au cours des mois suivants, David et Andrew se rencontrèrent à Minneapolis et à San Francisco. Andrew avait confié à ses amis qu'il était «amoureux» de David. Quand juin 1996 arriva, il avait simultanément deux liaisons (ce qu'il considérait comme un exploit), chacune lui procurant des privilèges particuliers. En Norman, il trouvait un financier peu exigeant, qui lui offrait l'accès au niveau social auquel il aspirait, et qui apparemment n'exigeait rien de plus, en retour, que sa compagnie. En David, il avait un amant séduisant, accommodant, et qui paraissait heureux que ce soit lui qui domine la situation. En outre, Andrew avait la possibilité de mener une troisième vie en fréquentant les bars et les clubs homosexuels, dans lesquels il s'épanouissait depuis de nombreuses années.

Un peu plus tard, ce mois-ci, Norman emmena Andrew et Larry Chrysler, un de ses amis plus âgés, dans une maison d'été à Saint-Jean-Cap-Ferrat, sur la Côte d'Azur. Cette ville, près de Nice, fait partie des lieux les plus fermés et les plus luxueux du sud de la France. Elle reçoit souvent, parmi ses visiteurs fidèles, Madonna et Elton John. Andrew avait dit à David qu'il partait voir sa famille dans une maison de vacances, et il lui envoya plusieurs cartes postales. Cependant, sa liaison avec Norman tirait à sa fin.

Au cours des mois précédents, Andrew était devenu plus exigeant. Complaisant et coopératif, Norman avait répondu à ses attentes, mais sa patience commençait à s'user. Quand Andrew lui demanda une nouvelle Mercedes SL décapotable, qui valait plus de 125'000 dollars, ce fut la goutte d'eau qui fit déborder le vase.

Norman refusa, et Andrew partit en faisant un scandale. Ses efforts pour rattraper la situation et renégocier son «deal» avec Norman furent vains. Norman refusa de revenir en arrière à propos de la voiture, mais il lui proposa en échange d'augmenter la somme qu'il lui versait régulièrement. Andrew lui écrivit afin de lui demander des dédommagements pour le temps qu'il avait passé avec lui. Désireux de ne pas passer pour un homme entretenu, Andrew avait toujours dit à ses amis qu'il avait abandonné l'héritage paternel pour vivre avec Norman. Le sujet fut clos le jour où Norman lui versa 15 000 $ avant de partir en voyage. Cependant, les jours faciles avec son généreux ami étaient derrière lui, et comme les bavardages allaient bon train dans son cercle, Andrew risquait d'avoir des difficultés à trouver un remplaçant.

Des problèmes avaient également surgi avec David Madson. N'ayant pas pu contacter Andrew pendant le séjour de celui-ci dans le sud de la France, David était frustré. Le 4 juillet, Andrew devait venir le rejoindre pour qu'ils passent ce jour férié ensemble. Ne le voyant pas arriver, David s'organisa de son côté, et décida de mettre des distances entre Andrew et lui. Il savait que ce genre de relation pouvait être problématique ; en effet, de nombreux homosexuels qu'il connaissait avaient par ailleurs une relation conventionnelle, ou devaient être discrets pour des raisons familiales ou professionnelles. Mais Andrew était différent ; il ne cachait pas son homosexualité, et pourtant, il ne voulait toujours pas avoir une liaison stable avec lui. A ce moment-là, il semble que David ait réalisé qu'Andrew était aussi un vantard et un menteur invétéré, et qu'il n'avait aucun scrupule pour ajuster ses histoires et ses expériences à ses besoins courants.

David étant temporairement injoignable, Andrew se tourna vers Jeff Trail. Après quelques années pénibles dans la Marine, Jeff avait suivi une formation dans la police de la route californienne. Il pensait trouver là un environnement plus détendu et plus tolérant. Déçu, il en était parti, et avait vécu quelque temps à Condor, chez sa sœur, avant de trouver un emploi dans une usine de propane à Minneapolis. C'était une bonne nouvelle pour Andrew : les deux hommes les plus importants de sa vie, qu'il avait même réussi à présenter l'un à l'autre au cours d'un voyage, vivaient désormais dans la même ville ; Minneapolis l'appelait !

Contactant David en premier, Andrew le persuada que ce serait bien, pour Jeff et pour lui, s'il venait les voir à Minneapolis. Son séjour, qui devait être de courte durée, se prolongea plusieurs semaines, et Jeff faillit devenir fou. Après un séjour plus long chez David, Andrew continuait apparemment à ignorer que ses deux amis entretenaient une nouvelle relation. Les deux hommes vinrent dîner avec lui, et Jeff se rendit à une soirée dans le loft de David. Quand David partir skier avec son copain, Andrew lui proposa de garder sa maison et de s'occuper de son chien. David accepta de bonne grâce, tout en trouvant cette proposition un peu étrange; en effet, Andrew lui avait fait de grandes démonstrations d'affection, et pourtant il était heureux de s'installer chez lui pendant qu'il partait avec un autre homme. Cette attitude, un peu schizophrène, était typique d'Andrew Cunanan: quelle que soit la réalité qui lui sautait aux yeux, il s'arrangeait toujours pour adapter la situation à ses besoins.

De retour à San Diego, Andrew habita avec un couple homosexuel, Tom Eads et Erik Greenman, et leur chien, dans Robinson Street. Il n'avait toujours pas de revenus, mais il ne manquait pas d'argent. Il dormait tard, promenait le chien et traînait dans les parages. Les 15'000 dollars de Norman étaient la seule somme d'origine connue qu'il avait reçue depuis un bon moment. Des rumeurs, qui n'en étaient pas à leur début, le faisaient passer pour un gigolo, ou pour un dealer. Si c'était le cas, il n'avait ni clients ni complices. Il pouvait se procurer de la drogue dans les lieux gay de San Francisco, mais il avait peu d'amis qui en prenaient régulièrement. Les trafiquants chevronnés auraient fait preuve d'une grande imprudence en utilisant Andrew Cunanan, dont la discrétion n'était pas la première qualité. Néanmoins, il avait une facilité d'accès aux narcotiques, et il en absorbait certainement.

Le dernier trimestre 1996 fut une très mauvaise période pour Andrew. Il avait grossi, et il se droguait. Plusieurs personnes remarquèrent son allure débraillée pendant les vacances de Noël.

Au début de l'année 1997, c'était une épave ambulante. Lunatique et irascible, il se souciait fort peu de son apparence. Il retourna à Minneapolis en janvier, et une fois de plus, il fit irruption dans la vie de David Madson et de Jeff Trail. Les deux hommes s'étaient engagés dans une série de liaisons, et s'entendaient bien tout en menant leur vie séparément. La visite d'Andrew était un ennui majeur, et pouvait s'avérer très gênant. En fait, il est très surprenant que les deux hommes l'aient accepté chez eux. Après tout, il vivait dans une autre ville et ils auraient probablement pu le persuader de partir en insistant un peu. Mais Andrew avait une personnalité captivante et, comme le caméléon, il était capable de s'adapter en fonction de ce que l'atmosphère exigeait. C'étaient sans doute les derniers reflets de ses meilleurs moments, quand il était drôle et intéressant, qui persuadaient toujours ses deux amis de lui donner encore une chance. Il est probable aussi que les difficultés furent un peu tempérées par les largesses d'Andrew. Il dépensa des milliers de dollars de son capital mystérieusement acquis à essayer de convaincre David de revenir dans sa vie.

Quand il rentra à San Diego, il ne pensa plus qu'à Jeff et David, ces deux hommes qui vivaient dans les villes jumelles de Minneapolis-St Paul. Il était obsédé par le fait qu'ils fréquentaient les mêmes cercles, mais surtout, qu'ils étaient ensemble, qu'ils formaient un couple. En fait, cette idée n'était pas fondée, mais il s'était convaincu qu'ils étaient amants et qu'ils l'avaient rejeté. Fin avril,

Andrew décida d'en avoir le cœur net et il acheta un billet d'avion pour Minneapolis.

David était à l'aéroport quand Andrew arriva. Il l'emmena dans son loft. Andrew ne précisa pas combien de temps il comptait rester. Le soir, il dîna au restaurant avec David et quelques-uns de ses amis. Ensuite, il déclara qu'il voulait danser, et il allèrent dans un night club, le Gay Nineties.

Jeff Trail s'absenta pendant presque tout le week-end. Prévenu de l'arrivée imminente d'Andrew, il était parti quelques jours avec son ami, Jon Jackett, pour fêter l'anniversaire de celui-ci. David et Andrew sortirent encore ensemble le samedi soir 26 avril. Plusieurs personnes qui les ont rencontrés ce soir-là ont attesté du fait qu'Andrew ne paraissait pas être dans son assiette, et que David avait l'air d'être «à bout». Andrew se débrouilla pour se trouver chez Jeff Trail le samedi matin, bien que Jeff fût absent et qu'il lui eût clairement fait comprendre qu'il ne voulait pas le voir chez lui. Andrew prit un message téléphonique provenant d'un collègue de travail de Jeff, et passa plusieurs coups de téléphone, dont un à Norman Blachford.

De retour de leur week-end, Jeff confia à Jon qu'il devait rencontrer Andrew dans un café, pour parler d'une affaire importante. Il donna rendez-vous à Jon plus tard, dans la soirée.

Ce qui se produisit ensuite n'est pas clair. Et les motivations d'Andrew le sont encore moins. Entre 21 h 10 et 21 h 45, Jeff et lui arrivèrent en même temps chez David. Une violente dispute éclata entre Jeff et Andrew, pendant laquelle Andrew s'empara d'un lourd marteau et défonça la tête de Jeff, lui infligeant des coups mortels qui le rendirent méconnaissable. Ils étaient dans le hall d'entrée quand il porta les derniers coups. La tête de Jeff alla cogner contre la porte d'entrée quand il s'écroula par terre, inerte et inconscient.

Pourquoi Andrew a-t-il perdu son sang-froid et a-t-il attaqué aussi violemment son ancien amant, devant un autre ex-amant? Son motif était peut-être la relation des deux hommes. Selon certaines théories, l'état mental d'Andrew s'était tellement délabré que le jeune homme s'était convaincu lui-même que Jeff avait, ou avait eu, une liaison avec David, malgré les dénégations constantes de celui-ci pendant le week-end. Andrew aurait pu questionner Jeff à ce sujet avant de le frapper à mort devant David Madson. Désespéré, impuissant, David ne tenta pas d'intervenir. Curieusement, il accepta de devenir complice à partir de ce moment-là et fit tout ce qu'Andrew lui ordonna.

Andrew a-t-il menacé David de lui infliger le même sort, nous ne le saurons jamais, mais il est indubitable qu'il avait David sous sa coupe d'une façon ou d'une autre. Plutôt que de s'échapper ou d'appeler la police, David se retrouva en train de nettoyer le lieu du crime.

Les reconstitutions du crime d'après les rapports de police semblent prouver qu'ils s'occupèrent tout de suite du corps de Jeff. Après l'avoir enveloppé dans le tapis d'orient, sur lequel il était tombé, ils le traînèrent dans le salon et l'adossèrent contre le canapé. Dans cette position, les jambes de Jeff dépassaient du tapis. Ils les couvrirent avec un tapis afghan blanc cassé. La violence des coups avait éclaboussé du sang partout. On suppose qu'ils ont utilisé des serviettes éponge et des serviettes en papier pour nettoyer le sol. Malgré leurs efforts pour effacer leur présence de la scène du crime, ils oublièrent deux empreintes sanglantes, l'une d'un pied nu, l'autre d'une chaussure. Ils ôtèrent la montre du poignet de Jeff, qui s'était arrêtée à 21 h 55, et sa bague de marin. Ils les jetèrent dans un sac en plastique avec un T-shirt trempé de sang, le marteau et les serviettes. Ils laissèrent le sac sous la table, et le beeper de Jeff sur son cadavre.

Il est difficile d'imaginer ce qui est passé par la tête de David Madson. Qu'un homme rationnel, apparemment en possession de toutes ses facultés mentales, ait pu ignorer ce qui venait de se produire sous son toit est une question insondable. Andrew avait dû le convaincre qu'il était désormais complice du crime et qu'il devrait subir les mêmes conséquences que lui. Plusieurs témoins les ont vus tous les deux, individuellement ou ensemble, le matin et l'après-midi du lundi 28 avril, pendant que le corps battu à mort de Jeff Trail gisait enroulé dans le tapis dans le loft.

Pendant ce temps, Jon Hackett s'était mis à la recherche de Jeff. Voyant qu'il n'arrivait pas, il avait commencé à s'inquiéter. De leur côté, les collègues et amis de David Madson se faisaient du souci pour lui. Madson était populaire, et assidu ; cela ne lui ressemblait pas d'être absent à son travail. A 16 h, le lundi, deux de ses amis firent part de leur inquiétude à la gardienne de son immeuble, et la persuadèrent de les laisser entrer dans le loft. Ils furent horrifiés par ce qu'ils découvrirent.

Après avoir appelé la police, ils affrontèrent l'idée folle que leur collègue et ami David était mort. Les enquêteurs pensaient que le corps roulé dans le tapis était le sien. Il leur fallut un certain temps pour être détrompés. Souhaitant laisser la scène du crime intacte, les inspecteurs de l'identité judiciaire n'avaient pas sorti le corps du tapis. Ce n'est qu'après avoir examiné les cheveux du cadavre qu'il put constater que le corps n'était pas celui de David Madson. Les amis de l'homme parlèrent à la police d'un certain Andrew qui avait passé le week-end avec David. La seconde théorie fut donc qu'il s'agissait du corps d'Andrew, et que David l'avait tué. Ce ne fut que le mercredi 30 avril au matin que la police découvrit la véritable identité du cadavre.

Les enquêteurs avaient fini par retirer du tapis le corps baigné de sang. Ils prirent connaissance de l'identité de Jeff grâce à son portefeuille, qu'Andrew et David avaient oublié de faire disparaître.

Cette confusion et ce retard avaient offert aux deux hommes le temps de se retourner. Le lundi matin, en fin de matinée ou début d'après-midi, ils avaient emballé quelques effets et ils avaient quitté Minneapolis dans la jeep rouge de David. Auraient-ils pu être arrêtés ? C'est difficile à dire. Il y eut au moins un témoin pour affirmer les avoir vus ensemble près de l'immeuble. Andrew faisait des reproches à David, et celui-ci avait les yeux rouges et gonflés de quelqu'un qui vient de pleurer. Le lundi matin, plusieurs personnes les avaient vus dans l'appartement, ou à proximité. A ce moment-là, les amis et collègues de David s'inquiétaient pour lui et commençaient à le chercher. Ils l'avaient échappé belle !

Maintenant, la police recherchait David, qu'elle considérait comme le suspect numéro un. Elle connaissait l'existence d'Andrew, mais sans plus. Des amis de David Madson et de Jeff Trail leur fournissaient constamment de nouvelles informations. Les enquêteurs avaient trouvé la famille Madson, et cherchaient à savoir qui était le mystérieux Andrew DeSilva. Cependant, le samedi 3 mai, ils surent exactement qui ils cherchaient et pourquoi.

Ce matin-là, à environ 60 kilomètres au nord de Minneapolis, près d'une route de campagne qui mène à Duluth, deux pêcheurs, Scott Schmidt et Kyle Hilken, étaient à la recherche d'un terrain où ils pourraient camper pendant le week-end. En s'approchant du lac, ils découvrirent un corps inanimé, entièrement habillé, couché sur le dos. Ils appelèrent immédiatement la police. D'après les descriptions que leurs collègues de Minneapolis leur avaient données, les policiers conclurent qu'il s'agissait de David Madson. Il avait été tué de trois balles de calibre 40 : une dans l'œil droit, une dans la joue droite et une dans le dos. Curieusement, personne n'avait vu Andrew et David à l'hôtel, ni dans les magasins, bien qu'ils fussent restés ensemble au moins trois jours.

Si l'enquête avait commencé dans la confusion, le coupable ne pouvait être désormais qu'Andrew Phillip Cunanan, alias DeSilva. La police lança un mandat d'arrêt national. Ce double meurtre envoya une onde de choc dans les populations homosexuelles de San Diego, San Francisco et Minneapolis. Les nombreuses personnes qui avaient connu Andrew étaient terrifiées. Le message était simple : Andrew avait craqué, comme certains l'avaient toujours craint, et il était capable de tout. Chacun de ceux qui l'avaient approché se demandait s'il serait sa prochaine victime. Cette atmosphère d'angoisse entrava les efforts de la police, qui sollicitait de nouvelles informations. Andrew s'était fait beaucoup d'amis et de relations, et autant d'ennemis, dont certains n'osaient plus rester dans leur appartement de peur de le voir arriver. Le plus insupportable était de ne pas savoir où il était passé. Il avait disparu dans la nature après avoir commis ces meurtres. A en croire la rumeur, il était maître en l'art du déguisement et pouvait surgir n'importe où, à n'importe quel moment, sans être reconnu. On disait encore qu'il avait amassé des centaines de milliers de dollars en faisant du trafic de drogue et en se prostituant, ce qui lui permettait de se déplacer où il voulait.

Mais la vérité était tout à fait à l'opposé. Une première inspection de ses comptes bancaires révéla qu'il avait de gros problèmes financiers. Ses cartes de crédit avaient été annulées après un découvert qui s'élevait à vingt mille dollars. On découvrit aussi qu'il avait vendu pour quinze mille dollars en liquide la voiture que Norman Blachford lui avait offerte. La police savait que sans cartes de crédit, Andrew serait plus difficile à retrouver. D'un autre côté, dès qu'il manquerait d'argent liquide, il serait moins prudent.

Le samedi après-midi, Andrew se trouvait à Chicago. L'Illinois est voisin du Minnesota, mais le voyage par la route du nord, de Minneapolis-St Paul à Chicago, dure plusieurs heures. Il est difficile de croire que personne ne l'ait vu, surtout quand on sait qu'il conduisait la jeep rouge de David. Jusque-là, ses actes meurtriers pouvaient s'expliquer par l'étrange triangle amoureux qui existait entre lui, Jeff Trail et David Madson. Mais ce qui suivit est incompréhensible.

Le soir du 3 mai, Andrew Cunanan arriva dans un quartier nord de Chicago, près de la maison des Miglin, vieille demeure du début des années 1900. Lee Miglin, âgé de 72 ans, était un riche promoteur immobilier, dur à la tâche, et respecté de tous. Sa femme, Marilyn, s'occupait avec succès d'un réseau de vente par Internet. Quand Cunanan arriva, Marilyn était en voyage d'affaires et Lee Miglin se trouvait seul chez lui. D'après l'enquête, Andrew s'approcha de l'infortuné Miglin sous un prétexte fallacieux et l'emmena dans le garage en le menaçant de son arme. Là, il lui lia les poignets et le bâillonna avant de le frapper plusieurs fois à la poitrine avec des cisailles. Il l'acheva en l'égorgeant à l'aide d'une scie à métaux. Andrew entra ensuite dans la maison des Miglin et se servit dans le réfrigérateur. Après avoir mangé, il prit un bain et passa la nuit dans la maison. Le lendemain matin, il partit tranquillement au volant de la luxueuse berline Lexus vert foncé de Lee Miglin.

Il est clair qu'à Chicago, Andrew ne fit aucun effort pour se cacher. On retrouva la jeep rouge dans Astor Street, à moins de cent mètres de la maison des Miglin. Cependant, en volant la Lexus, il avait signé son crime. L'assassin et la voiture furent immédiatement recherchés par la police, non seulement dans la ville de Chicago mais dans tout l'Illinois et au-delà. A l'évidence, Andrew ne maîtrisait plus la situation. Dans un sens, il venait d'atteindre ce dont il avait toujours rêvé : la notoriété, bien qu'elle fût de la plus macabre espèce, mais il était néanmoins célèbre. Il est facile de l'imaginer écoutant le compte-rendu de ses exploits à la radio et se réjouissant de la gloire perverse que lui valaient ses crimes.

Le mystère prit une nouvelle dimension quand la jeep fut retrouvée. Jusque-là, le double meurtre était considéré comme un crime passionnel, et il semblait ne concerner que la communauté homosexuelle. Mais le meurtre de Miglin introduisit un homme plus riche et plus âgé dans l'équation. Miglin avait-il des liens avec la communauté gay, ou la police était-elle confrontée à un tueur fou en cavale, capable de prendre n'importe qui pour cible ? Toutes les polices de l'Etat étaient à sa recherche, ce qui, aux yeux de Cunanan, devait augmenter sa propre importance. Le fait qu'il eût figuré sur la liste des « Dix personnes les plus activement recherchées » par le FBI ne manqua certainement pas de l'exciter. Il était décrit comme un homme « armé et dangereux » qu'il fallait « approcher avec précaution ».

Le fait qu'il ait pu continuer à rouler sans être appréhendé paraît incroyable. Pendant plusieurs jours, il traversa l'Amérique du Nord au volant de la même voiture de luxe particulièrement reconnaissable. Il utilisa même le téléphone du véhicule. Quand il entendit à la radio que le FBI avait localisé un de ses appels dans l'ouest de la Pennsylvanie, il jeta le téléphone par la portière.

Réalisant que toute cette publicité l'obligeait à changer de voiture, il en chercha une plus discrète. A la frontière du New Jersey et de la Pennsylvanie, il s'arrêta près du cimetière de Finn's Point, à Pennsville, dans lequel il venait d'apercevoir une camionnette. C'était une Chevrolet rouge de 1995. Il frappa à la porte de la maison du gardien, où William Reese, âgé de 45 ans, prenait quelques minutes de repos. Reese avait abandonné son emploi d'électricien pour devenir gardien à temps plein du cimetière militaire de la Guerre Civile, travail qu'il exécutait avec fierté et dévouement. En le menaçant, Andrew exigea qu'il lui donne les clefs de la camionnette. Quand Reese eut obtempéré, il le tua à bout portant d'une balle derrière la tête. La camionnette fut remarquée au moment où elle sortait du cimetière, vers 18 heures. Dès que la femme de Reese, inquiète de ne pas le voir rentrer, eut appelé la police, la dernière exécution gratuite d'Andrew fut découverte. La Lexus abandonnée permit à la police de faire une recherche rapide par la plaque minéralogique et d'établir immédiatement l'identité du tueur.

Cependant, Andrew Cunanan, tristement célèbre au niveau national, continuait de passer inaperçu.

L'assassinat de Reese confirma qu'il ne s'agissait pas d'un scénario vengeur du milieu homosexuel. L'hétérosexualité de Lee Miglin, qui avait été injustement remise en question dans les média à cause de sa prétendue «connivence» avec Andrew Cunanan, fut également confirmée. Dans les cercles gay de Chicago et de San Francisco, des bruits avaient couru selon lesquels la victime aurait été un ex-amant d'Andrew et aurait eu des relations homosexuelles assidues pendant des années, son mariage avec Marilyn lui servant de façade. Le meurtre de Bill Reese, et le lien avec les voitures, qu'Andrew ne s'était pas donné la peine de dissimuler, indiquaient clairement que la police avait affaire à un tueur psychotique, qui avait perdu tout contrôle de ses actes. Andrew s'était déchaîné, et il jouissait probablement de ses meurtres.

De Pennsville, il se dirigea vers le sud par l'autoroute 95. Cette voie sans péage découpe le cœur de l'Est des Etats-Unis, du Maine à la Floride. On sait peu de choses sur le déroulement de ce trajet, mais le dimanche 11 mai, Andrew arriva à Miami Beach, en Floride. En quelques jours, il avait couvert une très grande distance, et avait pratiquement disparu sans laisser de traces. N'importe quel fugitif ayant quatre meurtres sur la conscience et le FBI aux trousses se serait caché dans l'un des multiples lieux rencontrés sur sa route en attendant que les choses se soient un peu calmées. Or, non seulement il ne prit pas la peine de se cacher, mais il ne trouva pas nécessaire d'adopter un profil bas pendant son séjour à Miami.

La question de savoir s'il a couvert 1800 kilomètres depuis la Pennsylvanie, au nord, jusqu'à la Floride, dans le seul but de s'en prendre à Gianni Versace n'a pas été élucidée. Les allers et venues de Versace n'étaient pas connues. Quand Andrew arriva à Miami, le créateur se trouvait en Europe, ce qui laisse penser qu'Andrew n'avait pas un plan d'action bien défini. L'hypothèse la plus plausible, c'est que Miami Beach et sa communauté gay l'avaient attiré. Comme à San Diego, San Francisco et Minneapolis, il s'épanouissait dans les quartiers homosexuels, dans lesquels il pouvait raconter ses histoires saugrenues et vivre, sous de fausses identités. Il avait certainement pensé qu'il valait mieux mettre une grande distance entre lui et les meurtres de Trail, Madson, Miglin et Reese. S'il avait encore une opportunité de tuer, il le referait.

Gianni Versace avait passé un très long moment à Miami. La réussite écrasante de son empire de la mode lui donnait de lourdes responsabilités qui l'obligeaient à voyager beaucoup à travers le monde. Il était fatigué par un emploi du temps surchargé. Malgré les efforts de sa sœur Donatella pour diminuer sa charge de travail, l'année 1997 lui avait apporté un succès encore plus éclatant, et avec lui, l'épuisement. Mais le pire de tout, c'était les soupçons, que nombre de personnes prenaient pour argent comptant, selon lesquels il était séropositif depuis quatre ans. «Je désire mener une vie plus calme et profiter davantage de ma vie privée», avait-il déclaré au cours d'une interview. Il savait que sa santé laissait à désirer. Se sentant devenir irascible, associal, il avait décidé de partir pour South Beach.

Avec sa villa au lac de Côme, South Beach était le lieu de détente favori de Versace. Là-bas, il trouvait tout ce dont il avait besoin : du soleil toute l'année, une vie sociale mouvementée s'il le fallait, et un anonymat que ne lui permettaient pas les milieux à la mode de Paris et Milan. Mais surtout, South Beach était un paradis homosexuel où le couturier pouvait se passer toutes ses envies. Il pensait qu'un séjour dans ce paradis lui serait bénéfique. Il aimait s'y détendre, se promener, prendre un café à ses terrasses favorites, observer les passants. L'entourage de Versace arriva à Miami le 12 juillet et s'installa dans la villa entourée de murs, sur Ocean Drive. Opulente, extravagante, excessive sous tous ses aspects, cette villa était un véritable sanctuaire pour Gianni Versace.

Pendant ce temps, Andrew, à l'autre extrémité de l'échelle du luxe, était descendu au Normandy Plaza Hotel, à l'angle de Collins Avenue et de la 69 e Rue, au nord de South Beach. Cet hôtel est réputé pour avoir été la résidence d'été de plusieurs vedettes de cinéma au cours des années 1930 et 1940, mais il n'a rien gardé de l'éclat de cette époque. En fait, il s'est transformé en pension, où de nombreux résidents s'installent pour plusieurs années. On donna la chambre 322 à Andrew, et après quelques nuits, il se mit d'accord sur un loyer mensuel avec Miriam Hernandez, une Cubaine qui s'occupait de la réception.

Que fit Andrew de son temps à South Beach, on l'ignore, mais apparemment, il n'avait pas beaucoup d'argent. En effet, il allait souvent voir un prêteur sur gages auquel il confiait contre de l'argent liquide ses biens ayant le plus de valeur. Il passa du temps dans les clubs et les bars, se fondant sans difficulté dans le milieu gay de South Beach. Personne n'imaginait que ce nouveau-venu était un tueur. La vive émotion suscitée par l'histoire de Cunanam un mois auparavant s'était estompée.

Même si Andrew figurait toujours au premier rang des listes du FBI, aucun indice tangible ne permettait de se douter qu'il était allé aussi loin que la Floride, et on ne lui connaissait aucune raison de choisir cet endroit. Il est probable que ceux qui l'avaient vu dans ses lieux de prédilection en Californie craignaient qu'un Andrew déséquilibré puisse revenir chez lui. Personne n'imagina qu'il avait voyagé jusqu'en Floride. Une fois de plus, Andrew avait trompé tout le monde.

A South Beach, il devint pratiquement invisible. Ses heures de sorties et ses retours au Normandy Plaza étaient si irrégulières qu'il n'était jamais possible de savoir s'il se trouvait à l'intérieur ou hors de l'hôtel. Il était également difficile de savoir où il passait son temps. Ayant probablement des problèmes d'argent, comparativement à une époque récente plus prospère, ce manque de fonds, auquel il n'était pas accoutumé, le tenait à l'écart des lieux onéreux fréquentés par les homosexuels de South

Beach. Mais il était sans doute conscient de sa célébrité, et du fait qu'il risquait d'être reconnu à chaque instant. L'explication la plus plausible de sa grande discrétion pendant cette période est qu'il n'a cessé de traquer sa victime. Quand Versace arriva à Miami, le 12 juillet, Andrew était déjà là depuis quelques jours et s'était certainement renseigné sur l'endroit où il se trouvait. La manière impitoyable dont il exécuta Versace montre l'acharnement avec lequel il l'avait suivi entre la date de son arrivée et celle de son assassinat, trois jours plus tard.

Le samedi matin, le portier du Normandy Plaza se rendit compte qu'Andrew avait quitté l'hôtel pour de bon. La veille, Andrew avait réussi à retarder le paiement de son loyer, et quand la direction de l'établissement vint le lui demander, il avait déjà filé. Il avait emporté toutes ses affaires en prenant soin de ne laisser aucun indice quant à sa destination.

Le mardi, Gianni Versace et son entourage étaient installés dans la propriété d'Ocean Drive. Ce matin-là, Versace se leva tôt. Il parcourut quelques centaines de mètres à pied jusqu'au News Café, son lieu favori pour prendre le petit déjeuner, et il acheta quelques magazines. Il était seul, ce qu'il préférait quand il était à South Beach : pas de garde du corps, pas d'amis, pas de parasites.

C'était l'heure où les habitants de South Beach partaient travailler à pied ou en voiture, pendant que ceux qui avaient la chance de pouvoir lézarder toute la journée sur la plage commençaient à arriver. Personne ne sait où Andrew Cunanan passa cette nuit-là, ni la nuit précédente, mais à 8 h 40 du matin, il rôdait sur Ocean Drive, en face de la propriété de Versace. Il l'observait déjà depuis une heure matinale, et il avait sans doute vu le couturier sortir de chez lui. Gianni avait peut-être remarqué ce beau jeune homme débraillé près de sa maison. Mais si c'est le cas, cela ne l'avait probablement pas inquiété. A Miami, il y a autant de vagabonds débraillés que de jeunes gens chics. Gianni retourna tranquillement à sa villa et s'arrêta un court instant, le temps d'introduire sa clef dans la serrure du portail en fer forgé.

Andrew saisit cette opportunité. Traversant rapidement la rue, il remonta les quelques marches en direction de Versace, qui lui tournait le dos. Il sortit son revolver de sa poche et tira à bout portant en visant le bas du crâne. Mais il toucha la base du cou. Comme Versace se retournait, il fit feu une seconde fois sur son visage. Gianni s'écroula en une masse sanglante sur les marches de sa maison.

Andrew s'éloigna d'un pas vif et tourna à gauche dans la 12 e rue, puis à droite dans une ruelle. Un passant le poursuivit quelques instants mais il abandonna quand Andrew pointa son arme sur lui. Puis Andrew disparut.

Quelques minutes après, la police arrivait sur les lieux du drame. Sa première réaction fut l'incrédulité : pourquoi commettre un homicide sur les marches de la maison de Gianni Versace ? Il ne lui fallut pas longtemps pour découvrir que la victime était Versace lui-même.

La nouvelle se répandit dans l'heure qui suivit, et parut en tête de tous les bulletins d'informations des Etats-Unis et des chaînes internationales. Dans la communauté gay, elle éclata comme une bombe. Selon un résident de South Beach, elle eut le même impact que la mort d'Andy Warhol à New York. Il y eut d'immenses manifestations d'émotion, et nombreux furent ceux qui arrivèrent bientôt avec des bouquets de fleurs. Les lieux du drame ayant été rendus inaccessibles par l'équipe médico-légale, ils ne purent déposer leur tribut sur les marches.

Des témoins affirmèrent avoir vu l'assassin fuir dans la

ruelle en direction du parking. Ce fut le premier endroit que les policiers passèrent au peigne fin. Une demi-heure après le meurtre, ils repérèrent la camionnette de Willian Reese à cause d'une pile de vêtements qui gisait par terre près de la portière du passager. Une fois la plaque minéralogique vérifiée, il s'avéra que ce véhicule n'avait pas seulement été volé mais qu'il était relié à un crime. Le lien avec Andrew Cunanan fut rapidement établi.

Le soir, la mort de Versace fit la Une de toutes les informations. Andrew Cunanan était, pour le moment du moins, le tueur le plus célèbre de la planète. Les médias américains et internationaux firent une orgie de présomptions, suspicions et théories de conspiration. Frénétique, la communauté homosexuelle de South Beach commença à quitter la région pour trouver refuge dans des villes voisines, chez des amis ou des parents. Andrew avait frappé au hasard, semblait-il, il avait aussi tué délibérément trois homosexuels, et personne ne se sentait en sécurité.

Gianni Versace fut autopsié. Son frère Santo et sa sœur Donatella supervisèrent l'embaumement du corps, puis la crémation, avant de quitter Miami en emportant avec eux les cendres du résident gay le plus célèbre de la ville.

Pour les Versace, notamment pour Donatella, la mort de leur frère adoré fut un coup terrible. Donatella savait qu'il avait attiré l'attention de nombreux fans et qu'il était une idole pour la communauté gay. A un certain moment, elle avait craint qu'il ne devienne la victime de quelqu'un décidé à lui extorquer de l'argent, ou peut-être même à l'enlever. Cependant, elle n'était jamais allée jusqu'à imaginer qu'une telle violence puisse s'abattre sur lui, ni que quelqu'un puisse traquer son frère avec une détermination aussi farouche, et dans un seul but final.

Tandis que le monde entier parlait de ce meurtre et que les réseaux policiers tentaient d'en savoir plus sur l'insaisissable Cunanan, celui-ci disparut encore. Ce n'était pas la première fois depuis l'assassinat de Jeff Trail, trois mois plus tôt, mais la police n'avait aucune idée de l'endroit où il se cachait ou de la nouvelle apparence qu'il pouvait avoir adoptée. Les histoires sur « le maître du déguisement » firent de nouveau surface. Andrew était un brûlant sujet d'actualité, et pendant que de nombreux gays fuyaient South Beach ou installaient de nouvelles serrures sur leurs portes, la plupart pensaient qu'il avait quitté la région pour fuir les recherches intensives de la police.

En réalité, Andrew se trouvait très près des lieux de l'enquête. L'après-midi du jeudi 23 juillet, huit jours après le meurtre de Versace, un gardien qui faisait sa ronde sur l'Indian Creek Canal alla jeter un coup d'œil dans une péniche dont la porte était ouverte. En arrivant sur le bateau, il aperçut un jeune homme qui se précipita dans la chambre et en referma la porte violemment. Le gardien appela la police et lui fit part de ses soupçons quant à cet individu, qui était peut-être le fugitif qu'ils recherchaient. Une séquence des actualités télévisées montre la péniche assiégée par une équipe d'intervention du FBI, composée d'une vingtaine d'officiers, secondée par la police et par des détectives armés jusqu'aux dents. Des tireurs d'élite prirent position sur les toits des appartements environnants tandis que les vedettes de la police et les hélicoptères arrivaient sur les lieux. Quelle que fût la personne qui était dans la péniche, elle n'avait aucune chance de leur échapper, et si c'était Andrew Cunanan, les forces de l'ordre ne voulaient pas courir le risque qu'il leur glisse entre les doigts.

Trois heures après, alors que les ordres répétés de quitter le bateau se heurtaient à un refus, le FBI attaqua la péniche à la grenade lacrymogène. En haut de l'escalier, ils trouvèrent un corps à moitié dénudé, soutenu par quelques coussins. Une balle tirée dans la bouche. La folie meurtrière d'Andrew Cunanan était arrivée à sa fin.

Andrew Cunanan présentait une différence fondamentale avec les autres maniaques : sa dernière victime, la plus célèbre, n'était pas le seul objet de son amour, de sa haine ou de l'obsession qui le consumait. La mort violente de Gianni Versace fut la dernière d'une série de meurtres apparemment commis au hasard par un individu perturbé et extrêmement complexe qui, comme la plupart des gens atteints du même mal, voulait être n'importe qui sauf lui-même. Si on devait classer Andrew Cunanan dans une catégorie juridique, il figurerait en tout premier lieu dans celle des obsédés qui se livrent au harcèlement, mais il serait sans doute aussi à côté des tueurs en série les plus célèbres du 20 e siècle. Ce qui le met à part, c'est la manière impitoyable et résolue dont il avait choisi, suivi puis éliminé sa dernière proie. Un de ses mobiles apparents semble avoir été la jalousie. En tuant Versace, il l'aurait fait payer pour tout ce que lui-même n'avait pas : la célébrité, la richesse, une sexualité plus épanouie, tout ce dont Andrew lui-même. Selon Eric Hickey, professeur de criminologie à l'UCLA :

«Si l'on considère la dynamique du meurtre, on peut dire qu'il a tué la personne qu'il ne pouvait pas être ... Il a commis cet acte non seulement pour prouver sa propre supériorité, mais aussi pour faire une déclaration».

D'autres experts ont suggéré que les motifs de Cunanan étaient la vengeance. Les raisons de cette vengeance ne sont pas claires. D'après certains bruits qui ont couru après sa mort, Versace aurait eu des relations sexuelles avec Cunanan, et apparemment, il l'aurait bien reconnu au Colossus Club de San Francisco, en 1990. On a dit aussi qu'il n'avait pas voulu engager Andrew pour faire des photographies de mode. Si ces rumeurs reflètent la vérité, elles peuvent expliquer l'obstination farouche de Cunanan à chercher Versace puis à le détruire. Et si l'on doit croire l'histoire, aussi calomnieuse soit-elle, selon laquelle Versace était séropositif, cela rend le motif de la vengeance encore plus crédible.

Quoi qu'il en soit, ce ne sont-là que des hypothèses, probablement déclenchées par la machine à rumeurs qui se mit en marche dans les médias et les milieux homosexuels dès que ce meurtre scandaleux fut connu.

Ce qui est plus vraisemblable, c'est que la participation d'Andrew Cunanan à un triangle amoureux homosexuel ait fini par faire basculer dans la folie cet homme solitaire, mal dans sa peau et prompt à s'illusionner. Son déchaînement meurtrier à travers le pays, qui a coûté la vie à deux autres innocents, était sans doute motivé par le besoin de voler, mais aussi par un intérêt nouveau qu'il s'était découvert pour le meurtre. Cependant, l'assassinat de Versace n'entre pas dans la même catégorie que les précédents, aussi épouvantables soient-ils. Pendant son long séjour à Miami, Andrew Cunanan était resté discret en essayant de connaître les faits et gestes du créateur. Dès qu'il avait posé les yeux sur Gianni Versace, des années de rancœur étaient remontées à la surface. Sa personnalité profondément complexe, ses tendances psychotiques avaient développé en lui un besoin de tuer. Versace n'avait pas la moindre chance de lui échapper.

CHAPITRE V

JE VOUS AIMERAI TOUJOURS

Un cas de harcèlement parmi les plus célèbres, et qui a fait couler beaucoup d'encre, réunissait trois protagonistes : une vedette d'Hollywood, le Président des Etats-Unis, et un jeune homme obsédé jusqu'à la psychose, qui allait leur être intrinsèquement lié.

John Warnock Hinckley Junior est un homme très complexe. Né le 29 mai 1955 à Ardmore, dans l'Oklahoma, il est le cadet de trois enfants. Son père, John W.Hinckey, surnommé Jack, devint Président Directeur Général de la très prospère Vanderbilt Energy Corporation. Sa mère, Jo Ann, consacra tout son temps à ses enfants. Scott, le frère de John, est diplômé de l'Université Vanderbilt. Il est devenu Vice Président du complexe pétrochimique de son père. Diane, sa sœur, une étudiante particulièrement douée, a obtenu ses diplômes à l'Université de Dallas. C'est une famille aisée, qui jouit d'un statut social élevé, et qui, vue de l'extérieur, est tout à fait dans la norme.

Quand John avait 4 ans, la famille Hinckley s'installa à Dallas, Texas. À l'école élémentaire, John était un garçon normal, qui paraissait heureux. Il était sociable, sportif, coopératif avec les professeurs. Il laissa le souvenir d'un enfant qui ne cherchait pas la bagarre.

Au début des années 1960, alors qu'il était au cours élémentaire première année, sa famille emménagea dans le quartier chic de Highland Park. Parmi les éléments luxueux de leur nouvelle demeure figuraient une piscine et une machine à coke. Au collège, John fut élu Président en 6 e et en 4 e. Doué pour le sport, il était le quart arrière de l'équipe de football de l'école, et il jouait aussi au basketball. Il prit également part à la direction de l'équipe de football américain. Simultanément, il commença à s'intéresser à la musique et se mit à jouer de la guitare. Bien qu'il jouait très bien de cet instrument, ses parents remarquèrent que par timidité il n'osait pas en jouer devant un public.

C'est au cours de ses dernières années d'études secondaires qu'un changement s'opéra en lui. Il se replia sur lui-même, presque jusqu'à la réclusion, et rencontra de plus en plus rarement ses amis. Il abandonna toutes ses activités sportives, n'eut aucune fréquentation féminine, et passa le plus clair de son temps seul dans sa chambre à jouer de la guitare et à écouter de la musique, notamment celle des Beatles.

Ses parents s'inquiétèrent de l'absence de vie sociale de leur fils, et de son comportement de plus en plus bizarre. Mais ils attribuèrent cela à la timidité, et des amis les rassurèrent en leur affirmant qu'ils avaient la chance que John ne boive pas et ne se drogue pas. Eux-mêmes avaient affaire à des gamins dont les fréquentations étaient douteuses, ou qui se droguaient et se livraient à des expériences sexuelles. A leurs yeux, John Hinckley paraissait responsable, bien qu'un peu replié sur lui-même. Ses parents et leurs amis attribuèrent son attitude aux angoisses liées à l'adolescence, et pensèrent qu'il ne tarderait pas à les surmonter. Plus tard, les psychologues devaient se demander s'il s'était éloigné des autres à cause de ses idées de plus en plus étranges, qui étaient peut-être le résultat d'un déséquilibre survenu dans les échanges chimiques de son cerveau. A moins que ses pensées ne fussent devenues confuses à cause de l'absence de projets liée à sa vie solitaire ? Selon l'hypothèse qui fut proposée alors, il est très possible que ces deux raisons se soient combinées. Ainsi que John le déclara lui même à propos de ses années au collège : « L'ambiance m'affectait... je devenais de plus en plus rebelle et de moins en moins communicatif. » A la fin de ses études secondaires, il se voyait comme un « rebelle sans cause ».

En 1973, quand il eut obtenu ses diplômes d'études secondaires, John suivit sa famille vers de nouveaux horizons. Ils s'installèrent à Evergreen, une petite ville située au sud-ouest de Denver, la capitale du Colorado. C'est dans cette métropole, qui s'agrandissait rapidement, que le père de John établit le nouveau siège social de ses affaires. Mais elle ne retint pas longtemps l'intérêt de John.

A l'automne 1973, il s'inscrivit à la Texas Technical University de Lubbock afin d'étudier la gestion d'entreprise. Lubbock est une ville moyenne située dans la partie nord-ouest du Texas, près de la frontière du Nouveau Mexique. A la fin de sa première année, John eut le choix entre retourner à Evergreen ou rester au Texas. Il choisit d'aller chez sa sœur Diane, qui s'était installée à Dallas avec son mari et son fils.

En 1975, John retourna à Texas Tech pour le second semestre. Son apparence s'était considérablement dégradée. Le jeune homme mince avait pris du poids. Jusqu'alors amical, il était devenu lunatique et peu aimable. Le gardien de son immeuble devait témoigner plus tard qu'un jour où il était allé chez lui faire une réparation, il s'était retrouvé au milieu d'un amoncellement d'emballages de nourriture vides, et de détritus qui jonchaient le sol. Selon lui, John «passait ses journées à manger en regardant la télévision.»

Un an après, en avril 1976, John était plus introverti que jamais. Sans rien dire à personne, il quitta brusquement l'université et s'envola pour la Californie afin de poursuivre un vieux rêve : devenir compositeur de chansons.

Il prit un appartement à Hollywood avec l'intention de bombarder de disques de démonstration les maisons de disques et les agences artistiques. Mais il n'en fit rien. Il devait déclarer par la suite que c'était pendant ce séjour qu'il avait vu pour la première fois le film Taxi Driver. Ce film, qui valut à son réalisateur, Martin Scorcese, un oscar, lui fit une telle impression qu'il retourna le voir quinze fois au cours de l'été. Il y est question d'un psychopathe américain qui traque un candidat politique. Robert de Niro tient le rôle de *Travis Bickle*, un vétéran du Vietnam insomniaque, chauffeur de taxi de nuit dans un New York sordide. Il s'entiche de la jolie Betsy, éclatante de santé, qui est incarnée par Cybil Shepherd. Elle finit par accepter de sortir avec lui. Quand Travis l'emmène voir un film porno, elle quitte la salle, écœurée, et refuse de le revoir. C'est à partir de ce moment-là que la solitude commence à le consumer.

Ce film fut en partie inspiré par Arthur Bremer, qui avait tenté d'assassiner George Wallace, alors candidat à la Présidence des Etats-Unis. Wallace, radical et raciste de surcroît, en resta invalide pour le restant de ses jours. Bremer avait écrit dans ses journaux intimes qu'il avait perdu une amie en lui montrant des films pornographiques. Dans Taxi Driver, Bickle cherche l'amitié de la jeune Iris, incarnée par Jodie Foster. Iris est une prostituée de 12 ans, matérialiste mais vulnérable. Bickle rêve de l'arracher à son souteneur. Il commence par s'acheter une arme et par traquer un populaire candidat aux élections. Sa tentative d'assassinat étant déjouée, Bickle tue le souteneur d'Iris, puis le sordide gérant de l'hôtel et enfin, un client. Le public considéra ces actes, commis par un homme à l'esprit dérangé, comme une preuve d'héroïsme, et Bickle devint célèbre. Ce film bouleversa la vie de John Hinckley.

A cette époque, dans des lettres qu'il envoyait à ses parents, il décrivait en détails une jeune fille imaginaire qu'il nommait Lynn Collins. Il disait qu'elle était une jeune actrice issue d'une riche famille. En fait, elle lui avait été inspirée par la Betsy du film Taxi Driver. John raconta aussi à ses parents qu'il venait d'enregistrer une maquette professionnelle de ses chansons dans un studio de Los Angeles. Il ajoutait qu'il avait fait de grands progrès, qu'il avait de bons contacts avec le monde des studios et qu'il rencontrait tous les jours des agents intéressés par son travail, et convaincus de son avenir dans le métier. Il annonça à ses parents qu'ils allaient bientôt entendre parler de ses talents musicaux. En réalité, Hinckley n'avait pas enregistré le moindre disque et n'avait contacté personne dans le monde de la musique. Peu de temps après avoir envoyé ces lettres, il quitta brusquement Los Angeles, se disant déçu par ce qu'il appelait la «scène bidon, impersonnelle d'Hollywood.»

En septembre 1976, John retourna à Evergreen, chez ses parents, qui se trouvèrent désemparés par ce revirement. Après une période de solitude et d'inaction, il finit par travailler quelques mois au Taylor Supper Club, et il élit domicile dans un motel, en face du restaurant.

Hinckley était devenu extrêmement instable. L'aspect obsessionnel de sa personnalité commençait à émerger. L'engouement vite éteint dont il fit preuve pour la musique, puis pour les études et enfin pour les films, illustre le développement de cette nouvelle tendance.

Au printemps 1977, il retourna en Californie, bien déterminé à tenter de nouveau sa chance dans la musique. Mais une fois de plus, l'atmosphère de cet univers lui déplut et il en eut vite assez. Il décida de reprendre ses cours au Texas Tech au début de l'année suivante.

Il repartit pour Lubbock pendant l'été 1978. Préférant vivre hors du campus, il prit un appartement, et sa fréquentation des cours devint très chaotique. Il passa de longs moments tout seul. Il allait souvent consulter à la clinique de l'université, où il se plaignait de ses yeux, de sa gorge, de ses oreilles, et d'une sensation constante de vertige. Les médecins constatèrent qu'il avait un «affect plat pendant toute la durée de l'examen et une réaction dépressive.» Ils lui prescrivirent des anti-dépresseurs et des tranquillisants. Il ne fait aucun doute que Hinckley est resté solitaire pendant tout son séjour à Lubbock. Très lent à se faire des amis, il passait le plus clair de son temps à cogiter. Dans une lettre à sa sœur Diane, il écrivit:

«Mon système nerveux est pratiquement bousillé, je prends des médicaments lourds qui ne semblent pas être très efficaces, mais qui me font somnoler. A la fin de l'été, je vais être complètement paumé.»

Plus tard, il reconnut avoir commencé à ce moment-là à fantasmer autour de *Taxi Driver*, et particulièrement au sujet de Jodie Foster.

John Hinckley était séduit par l'idée que «Bickle libérait Iris». Outre le fantasme de libérer lui-même Iris, il avait peut-être aussi le désir d'arracher Jodie Foster à ce qu'il percevait comme un emprisonnement dans les films, dans les studios d'Hollywood ou dans quelque autre lieu que son imagination lui suggérait. A l'instar de Travis Bickle dans son film fétiche, il se mit à collectionner les revolvers. En août 1979, il acheta le premier, un calibre 38, et entreprit de s'exercer au tir.

Décidant de ne pas retourner à Evergreen pour les vacances de Noël 1979, il raconta à ses parents qu'il devait voir son amie, la fictive Lynn, à New York. En fait, il resta à Lubbock et passa son temps devant la télévision, jouant parfois à la roulette russe avec un revolver chargé. Une photographie le montre pointant un revolver sur sa tête. L'année suivante, il continua à acheter des armes, et il fit l'acquisition d'une caisse de balles à tête explosive au Mont de Piété de Lubbock. John Hinckley se préparait à toute éventualité. En même temps, il s'intéressait de plus en plus près à l'une des stars féminines les plus demandée d'Hollywood.

Alicia Christian Foster est née le 19 novembre 1962 à Los Angeles, Californie. Elle reçut le surnom de Jodie d'après le nom de la mère de son amie, «Joséphine D.» Son père, Lucius, les quitta avant sa naissance, laissant sa mère, surnommée Brandy, élever leurs quatre enfants. Brandy était publiciste à Hollywood. Dès son plus jeune âge, Jodie connut l'industrie du cinéma. A 3 ans, elle fit sa première apparition à l'écran, dans une publicité télévisée qui vantait un produit solaire. Dès lors, les propositions s'enchaînèrent, à la télévision comme au cinéma. Jodie obtint plusieurs rôles d'enfant dans des films tournés dans les Studios Disney.

En 1972 – elle avait 10 ans – Jodie Foster était déjà une grande vedette. D'un bout à l'autre des Etats-Unis, agents et producteurs de cinéma connaissaient son nom. Ses gains étaient si importants que sa mère quitta son emploi pour s'occuper à plein temps de sa carrière. Cependant, Brandy Foster avait une expérience suffisante dans le milieu cinématographique pour garder une vision réaliste. Considérant que sa fille était douée d'une intelligence au-dessus de la moyenne, elle décida de ne pas négliger son éducation. Elle savait qu'une carrière à Hollywood pouvait être éphémère. Entre deux tournages, Jodie suivit donc les cours du lycée français de Los Angeles, où elle apprit à parler couramment la langue de l'hexagone. Grâce à cela, elle put ajouter à une carrière déjà très réussie un certain nombre de rôles dans des films français.

Jodie Foster n'avait que 14 ans quand Martin Scorcese la choisit pour le rôle d'Iris dans *Taxi Driver*. Ce rôle, sujet de controverse, lui valut d'être acclamée par la critique ; pour la première fois, Jodie fut nominée pour l'Oscar de la meilleure interprétation du second rôle féminin. Elle était parvenue au pinacle de l'industrie du film, pour laquelle elle représentait une valeur sûre.

Cependant, elle était décidée à mener une vie normale parallèlement à sa carrière d'actrice. Elle termina ses études secondaires au lycée français, et obtint son diplôme en 1980 avec la meilleure note. Ce n'était pas une mince réussite pour quelqu'un qui avait passé 6 mois par an sur un plateau de cinéma. Pendant toutes ses années scolaires, elle avait interprété, entre autres, une diva de bar clandestin, Miss Tallulah, dans le film parodique pour enfants *Buggy Malone*, et une jeune meurtrière dans *The Little Girl who lived down the Lane*.

Elle s'inscrivit ensuite à l'Université de Yale, à New Haven dans le Connecticut, pour étudier la littérature anglaise. Il était plutôt rare qu'une vedette de cinéma suive des études à l'université après avoir réussi à Hollywood. Jodie et sa famille savaient qu'elle aurait des difficultés pour se fondre dans le milieu étudiant. Elle était bien déterminée à essayer, mais son entrée à l'université de Yale n'avait pas échappé aux médias.

De son côté, John Hinckley était toujours obsédé par Jodie Foster, et plus particulièrement par le personnage d'Iris, qu'elle avait incarné plusieurs années auparavant. Quand, en 1980, il apprit qu'elle s'inscrivait à Yale, il annonça à ses parents qu'il voulait suivre un cours d'écriture littéraire dans cette université. Heureux qu'il ait de nouveau un but, ils lui donnèrent sans hésiter les 3600 $ nécessaires à son inscription. Il avait été si étrange, les derniers temps, qu'ils souhaitaient faire l'impossible pour l'aider à s'orienter vers une carrière et, espéraient-ils aussi, à se faire des amis.

Persuadé qu'il allait rencontrer Jodie, John partit aussitôt pour le Connecticut. Il pensait qu'elle avait besoin d'aide pour échapper à sa situation désespérée, et que lui, John Hinckley, était l'homme qui devait voler à son secours. Il la voyait dans la peau d'Iris, la vulnérable prostituée de 12 ans, et non pas comme une star de 9 ans devenue étudiante dans une des huit meilleures universités des Etats-Unis.

Quand John arriva à New Haven, il se renseigna sur le campus et obtint sans trop de difficultés l'adresse de l'actrice. La publicité qui avait entouré l'arrivée de Jodie Foster était telle que, sans qu'elle le sache, chaque étudiant de l'université et chaque livreur de pizza de New Haven avait une vague idée de l'endroit où elle vivait. S'étant préparé à une longue recherche, John fut surpris de voir qu'il était si facile de la localiser. Cela le préoccupa un peu. En effet, s'il l'avait lui-même trouvée si facilement, les autres pouvaient faire de même. Contacter Jodie était sa mission à lui, et il ne voulait pas que quiconque vienne marcher sur ses plates-bandes.

Trop timide pour essayer de la rencontrer, John décida de lui écrire. Il déposa une série de poèmes et de missives dans sa boîte à lettres. Il fantasma de plus belle à son sujet. Il passa un certain temps à chercher son numéro de téléphone. Apparemment, il avait décidé que le harcèlement par courrier ne satisfaisait pas son obsession. Finalement, il se débrouilla pour avoir ses coordonnées et l'appela deux fois. Choquée qu'il ait pu obtenir son numéro de téléphone, Jodie le pria poliment mais fermement de la laisser tranquille. Au cours d'une des deux conversations enregistrées par John Hinckley, elle déclara :

«Je ne peux pas avoir une conversation téléphonique avec quelqu'un que je ne connais pas. C'est dangereux, cela ne se fait pas, ce n'est pas bien, et c'est mal élevé.»

Il répondit : «Je ne suis pas dangereux, je vous le garantis.»

Voyant qu'il n'arrivait pas à avoir un «contact» avec Jodie Foster, Hinckley finit par décider qu'il gagnerait son respect en devenant célèbre. S'il tuait quelqu'un d'important, comme son héros Bickle avait tenté de le faire dans *Taxi Driver*, l'actrice serait bien obligée de le remarquer. C'est ainsi qu'au cours de cet automne-là, il décida d'assassiner le Président des Etats-Unis, afin que Jodie Foster tombe amoureuse de lui.

La fin de l'année 80 fut une période difficile pour le Président. Jimmy Carter, le cultivateur de cacahuètes de Plains, en Géorgie, avait été propulsé au pouvoir par une vague anti-Nixon après le scandale du Watergate et la démission du président en 1974.

La vice-présidence, courte et inefficace, du malchanceux Gérald Ford n'avait pas contribué à restaurer la confiance du public dans l'administration républicaine, ce qui avait virtuellement assuré la victoire de Carter. Celui-ci avait promis la transparence et un gouvernement responsable. Mais maintenant, il se trouvait sous la double pression des fondamentalistes islamistes iraniens, qui retenaient en otages cinquante-deux citoyens américains à l'ambassade de Téhéran, et de l'économie vacillante du pays, et il avait peu de chances d'être réélu au scrutin du 4 novembre.

Hinckley se mit à traquer le Président Carter avec l'intention de le tuer. Carter avait entrepris une tournée électorale dans trois villes, où Hinckley le suivit: le 27 septembre 1980, il se rendit à Washington DC; le 28 septembre, à Columbus, dans l'Ohio, et le 30 septembre, à Dayton, dans le même Etat. Hinckley réussit à suivre Carter, comme le montre une bande vidéo projetée à son procès, où on le voit à moins de deux mètres du Président. Il s'approcha très près de lui, mais il n'eut jamais le courage de le tuer.

Après Dayton, Hinckley s'envola pour Lincoln, dans le Nebraska, où il prétendait avoir organisé une rencontre avec le chef du parti nazi américain. Le jour suivant, il partit pour Nashville, Tennessee, où la suite de la campagne électorale était prévue pour le 7 octobre. A l'aéroport de Nashville, alors que John Hinckley repartait à New York, le service de sécurité détecta dans ses bagages trois revolvers et trente cartouches de munitions, et trouva 800 $ dans son portefeuille. Il fut arrêté, ses armes furent confisquées. Comme elles avaient été acquises légalement, il fut condamné à payer une simple amende de 62,50 $ pour port d'armes dans un aéroport, et il fut libéré. Loin d'être découragé, il acheta deux autres revolvers de calibre 22, dans la boutique d'un prêteur sur gages nommée Rocky, à Dallas.

Bouleversé et frustré, Hinckley retourna à Evergreen.

Sans but et déprimé, il dut affronter ses parents, qui ne lui cachèrent pas leur déception quant à ses échecs successifs. Ce fut la goutte d'eau qui fit déborder le vase. Il n'arrivait pas à atteindre son but, l'objet de son amour l'avait rejeté, et tout ce qu'il avait entrepris pour gagner son respect avait échoué parce qu'il n'avait pas su saisir l'occasion de tuer Carter quand elle s'était présentée.

A la fin du mois d'octobre, John fit une tentative de suicide en absorbant des antidépresseurs. Cela secoua suffisamment ses parents pour qu'ils envoient leur fils plus perturbé que jamais chez le Dr John Hopper, psychiatre, qui exerçait dans le Colorado. Toute confiance entre médecin et patient s'évapora quand Hinckley découvrit que le Dr. Hopper parlait de leurs entretiens à ses parents. A partir de ce moment-là, il lui cacha tout qui lui semblait être d'ordre privé.

Hinckley alla consulter le Dr Hopper une douzaine de fois, lui laissant entrevoir quelques indices sur son fonctionnement obsessionnel. Au dire de tous, et d'après un témoignage ultérieur, le médecin ne remarqua rien. Début novembre, Hinckley parla à Hopper de ses sentiments pour Jodie Foster. Au cours d'une autre consultation, il lui raconta son voyage à Yale dans le but de voir l'actrice. Il lui dit que son «esprit était sur le point de flancher à tout moment», et «qu'une relation dont il avait rêvé n'avait absolument pas abouti. Ma désillusion a été totale.» On devait savoir plus tard que le Dr Hopper n'avait pris en considération aucun des troubles dévoilés par son patient.

En 1980, Hinckley envoya une lettre anonyme au FBI, dans laquelle il avait écrit:

«Un complot est en train de se tramer pour enlever l'actrice Jodie Foster, qui se trouve à l'université de Yale. Cela doit avoir lieu en décembre ou en janvier. Pas de rançon demandée. Elle sera enlevée pour des raisons romantiques. Ce n'est pas une plaisanterie! Je ne veux pas m'impliquer davantage. Faites ce que vous voulez.»

Le 8 décembre 1980, un événement affecta considérablement John Hinckley : John Lennon, son idole de toujours, venait de se faire tuer devant chez lui, à New York, par Mark Chapman. Hinckley prit aussitôt un train pour New York. Il rejoignit la foule qui veilla Lennon toute la nuit devant son immeuble. Il devait dire plus tard qu'il avait été «en grand deuil» et qu'il avait été complètement traumatisé par ce meurtre. Ce drame provoqua aussi en lui une réaction étrange. Ultérieurement, il devait admettre qu'il avait commencé, d'une certaine façon, à s'identifier à Mark Chapman. Il s'était acheté un revolver Charter de calibre 38, identique à celui de l'assassin de Lennon.

Mark Chapman fascina littéralement Hinckley. C'était quelqu'un qui avait cherché sa proie avec acharnement et qui était allé jusqu'au bout de ses intentions. En lisant que Chapman était venu d'aussi loin que Hawaï pour traquer, et finalement assassiner Lennon, Hinckley fut très impressionné. Mais il éprouva aussi une forte déception envers lui-même. En effet, il avait suivi le président Carter pour finalement baisser les bras quand l'opportunité de se «faire reconnaître» par Jodie Foster s'était enfin présentée à lui. Dès qu'il sut que Chapman avait trouvé dans *L'Attrape-Cœurs*, de J. D. Salinger, la plus grande partie de son inspiration et de ses idées pour se comporter dans la vie, John acheta le livre. Il essaya de se relier à Chapman à travers son idole Holden Caulfield. Avec l'exemple de Mark Chapman, John s'était certainement convaincu que la prochaine fois qu'il essaierait de faire quelque chose, il atteindrait son but.

Au cours des mois suivants, il retourna dans le Colorado, ainsi qu' aux consultations du Dr Hopper. Il ne s'était pas vraiment engagé à suivre un traitement, et il manquait souvent ses rendez-vous chez le psychiatre, préférant s'entraîner au tir, ou écrire des lettres et des poèmes destinés à Jodie Foster. Régulièrement, il prenait l'avion pour New York et, de là, continuait sur New Haven pour déposer lui-même ses messages dans la boîte à lettres de leur destinataire. Il devait reconnaître plus tard qu'au cours de ces voyages, il allait souvent à Manhattan à la recherche de prostituées qu'il voulait «sauver». Inévitablement, elles étaient plus intéressées par un John «client» que par un John «sauveur». Il accepta leurs avances quatre fois, au moins. La plupart du temps, il s'agissait d'adolescentes.

Le soir du Nouvel An, il était tellement déprimé qu'il enregistra le message suivant, dont le contenu est désormais lisible sur crimelibrary.com :

«John Lennon est mort. Le monde est perdu. Oublions-le. Ce sera juste de la folie, si je tiens le coup pendant les premiers jours, ... je regrette encore de devoir continuer en 1981... je ne comprends pas pourquoi les gens veulent vivre.»

«John Lennon est mort... je pense toujours – je pense toujours à Jodie, sans arrêt. Je ne pense qu'à elle. A elle, et à la mort de John Lennon. Ils étaient comme liés l'un à l'autre...»

«Je hais New Haven d'une passion mortelle. Je suis venu là plusieurs fois, pas pour la traquer vraiment, juste pour prendre soin d'elle... je voulais la retirer de là pour un bon moment, mais je ne sais pas. Je suis si malade que je ne peux même pas faire ça.»

«Ce sera une ville totalement pour le suicide. Je veux dire que je m'en fiche pas mal. Jodie est la seule chose qui compte maintenant. Tout ce que je pourrais faire en 1981 serait uniquement pour Jodie Foster.»

«Mon obsession est Jodie Foster. Il faut, il faut que je la rencontre et que je trouve le moyen de lui parler de vive voix... je veux qu'elle sache que je l'aime, c'est tout ce que je veux. Je ne veux pas lui faire de mal... je crois que j'aimerais mieux ne pas la voir, pas sur cette terre, si ça pouvait l'empêcher d'être avec d'autres types. Je ne voudrais pas rester ici, sur la terre, sans elle.»

Le 14 février 1981, jour de la Saint-Valentin, Hinckley se trouvait de nouveau à Manhattan. Il était allé voir l'immeuble Dakota, avec l'intention de se suicider dans la rue, juste sous les fenêtres de Lennon. Mais il n'y arriva pas et retourna chez ses parents dans le Colorado.

Le 27 février, il se rendit chez le Dr. Hopper pour son dernier rendez-vous. Le médecin conclut que l'origine de ses problèmes était son manque de maturité affective et qu'il devait apprendre à endosser les responsabilités qui lui incombaient en tant qu'adulte. Il recommanda à ses parents de faire preuve envers lui d'un amour «énergique» et de lui couper les cordons de la bourse. Le Dr. Hopper croyait vraiment que les Hinckley devaient forcer John à se prendre en mains. Ensemble, ils fixèrent le 1er mars comme date butoir à laquelle John devrait avoir trouvé du travail. Cela ne lui laissait que quelques jours, et même le candidat le plus qualifié et le plus motivé n'aurait pu répondre à cette attente. En ce qui concerne John, dans l'état de confusion mentale où il se trouvait, ce n'était tout simplement pas réaliste. Ils décidèrent aussi qu'il devrait avoir quitté la maison paternelle le 30 mars. Puis ses parents partirent quelques jours. Quand ils revinrent chez eux, le 1er mars, ils trouvèrent un papier glissé sous leur porte. Ils lurent: «Votre fils prodigue est encore parti. Je dois exorciser quelques démons.»

John était parti à Yale pour déposer un autre paquet de lettres et de poèmes dans la boîte de Jodie Foster. Leur contenu s'échelonne du romantisme sincère à la bizarrerie pathétique:

Jodie,

ADIEU! Je vous aime six milliards de fois. PEUT-ÊTRE M'AIMEZ-VOUS UN PETIT PEU? (VOUS DEVEZ L'ADMETTRE, JE SUIS DIFFÉRENT).
Cela changerait tout.
JOHN HINCKLEY
Les revolvers, c'est sympa! Vous voyez cette légende vivante là-bas? Avec une petite pression de cette gâchette. Je peux faire tomber à mes pieds cette personne qui gémira et suppliera Dieu. Ce revolver me donne un pouvoir pornographique. Si je veux, le président tombera et le monde me regardera, incrédule, tout ça parce que je possède un revolver pas cher. Un revolver, c'est loyal, un revolver, c'est sympa. Avez-vous la chance d'en posséder un? Je Connais une Fille. Je connais une fille qui est indescriptible. Je ne la connais pas bien, mais je la connais. Je sais qu'elle sait que je la connais et qu'elle sait que je l'aime. Je ne connais pas ses véritables sentiments pour moi mais elle sait que je connais son nom.
Amen.
Jodie n'est pas en plastique, et elle ne pleure pas en me voyant me tortiller de douleur dans le caniveau de n'importe quelle rue des USA parce que Jodie sera toujours Jodie. Ne pleure pas pour moi Arizona, la vérité c'est que je l'ai apporté avec moi d'une manière calculée et par des moyens qui me permettraient de faire vraiment du mal à tout le monde autour de moi. L'évolution Douloureuse. Au début c'était le moment de faire semblant. Le martyr en moi a joué à des jeux j'étais le jeune solitaire fou.

Dans d'autres lettres, il avait écrit : «Attendez moi, je vais vous sauver.» Les mots font écho au même ordre d'idées et de pensées exprimées par Bickle dans les lettres fictives qu'il envoie à Iris, dans le film *Taxi Driver*. Le contenu des dernières lettres de Hinckley inquiéta tellement Jodie Foster qu'elle en fit part au Doyen de l'université. Elle en était venue à la conclusion qu'elle était traquée par un individu potentiellement dangereux, dont l'obsession amoureuse était incontrôlable.

De New Haven, Hinckley retourna à New York. Le 7 mars, il loua une limousine pour faire le trajet de Manhattan à l'aéroport de Newark, dans le New Jersey. Il rentrait à Denver. De l'aéroport, il téléphona à ses parents et leur demanda de venir le chercher. Il passa son coup de téléphone à 4 h 30 du matin. Il était dans un état incohérent. Son père alla à sa rencontre, pendant que sa mère restait à la maison, torturée par la culpabilité en pensant à la confrontation qui allait avoir lieu. Son mari et elle s'étaient mis d'accord pour dire à John qu'il n'avait plus le droit de vivre sous son propre toit.

A l'aéroport de Denver, Jack se rendit compte que son fils était mal en point. John ne s'était pas rasé et il paraissait très faible physiquement. Il avait les yeux vitreux.

A l'évidence, il n'avait ni suffisamment dormi, ni mangé correctement. Décidé à suivre les recommandations du Dr Hopper, Jack Hinckley parla à son fils. Il lui expliqua leur déception qu'il n'ait pas suivi le plan qu'ils avaient adopté et qu'il n'ait toujours pas trouvé de travail. Au lieu de ramener John chez eux, il l'emmena vers sa voiture, garée à l'aéroport. Il lui dit qu'il ne pouvait pas rentrer à la maison, et lui suggéra de rester dans une auberge de jeunesse. Selon Jack Hinckley, voici comment son fils réagit :

«Il m'a regardé comme s'il n'en croyait pas ses oreilles.

Je lui ai donné 200 $ et je lui ai suggéré d'aller au YMCA, où il pouvait vivre avec peu d'argent.»

Mais John ne voulait pas vivre dans une auberge de jeunesse. Finalement, Jack lui dit : «Très bien, c'est ta décision, John. A partir de maintenant, fais ce que tu veux.»

En pensant à cela, Jack trouve maintenant que le fait d'avoir chassé son fils de la maison alors qu'il était en plein désarroi a été la plus grande erreur de sa vie. Il pense aussi que ce rejet a vraisemblablement contribué dans une large mesure aux événements qui devaient se dérouler par la suite.

Bouleversé, John descendit dans un motel, où il resta seul pendant deux semaines ; il passa son temps à regarder la télévision et à lire. Cependant, à l'insu de son père, il rendit plusieurs fois visite à sa mère. Le 27 mars, il la supplia de l'emmener à l'aéroport. Elle accepta à contre-cœur. Le trajet se déroula dans un silence glacial, mais sa mère finit par se mettre à pleurer, et lui donna de l'argent. En prenant sa valise, il lui dit : «Maman, je veux te remercier pour tout ce que tu as fait pour moi, pendant toutes ces années.»

Elle répondit : «Je t'en prie» avant de repartir.

Hinckley ne savait plus très bien quoi faire. Il avait d'abord envisagé d'aller à New Haven et de se tuer devant Jodie Foster. Puis il pensa la tuer et de se tuer ensuite. Il avait même caressé l'idée de détourner un avion, et pour ce faire, il avait acheté un livre : *Skyjacker*. Il transportait aussi dans la poche de sa veste une boîte de pansements adhésifs contenant une note sur le détournement d'avion : «Cet avion a été détourné ! J'ai une bombe !»

Il décida finalement d'aller passer un jour à Los Angeles. Le lendemain matin, il monta dans un bus de ligne partant pour Washington, et arriva à destination le

29 mars, à 12h15. Il descendit dans la chambre 312 du Park Central Hôtel de Washington. Il transportait dans deux valises un calendrier représentant John Lennon, une carte postale avec Ronald et Nancy Reagan, et un assortiment de pilules, notamment du Valium, du Surmontil et du Drixoral. Il avait également emporté une sélection de livres : L'*Attrape-Cœurs*, L'*Eventail*, *Roméo et Juliette*, et *Taxi Driver*.

Le lendemain, il se leva et prit son petit déjeuner dans un fast food près de l'hôtel. En rentrant, il acheta le Washington Star et lut que le Président Reagan allait faire un discours devant les trois mille cinq cent membres du Syndicat du Bâtiment, à l'hôtel Hilton, l'après-midi même. John n'en croyait pas ses yeux. Ce jour même, Reagan allait être en ville, loin de la Maison-Blanche, et John Hinckley pourrait probablement se rapprocher suffisamment de lui pour pouvoir tenter son coup.

Le Président n'était à la Maison-Blanche que depuis 3 mois. Ronald Wilson Reagan avait prêté serment en tant que quarantième Président des Etats-Unis le 20 janvier 1981. A 79 ans, l'acteur sympathique devenu politicien était le doyen de tous les Présidents ayant été en exercice. Reagan était déjà populaire. Malgré ses mesures économiques de droite, il avait les faveurs de la presse, ce qui était principalement dû au fait que les autorités iraniennes avaient décidé de ne pas libérer les otages américains avant son investiture. Cette stratégie avait été dévastatrice pour la campagne de Carter, donnant l'avantage à Reagan, qui, avec son air agréable, son sourire facile et ses manières affables, avait déjà gagné la sympathie du public et de la presse de tous bords. Même ceux qui le critiquaient avaient tendance à se moquer gentiment de lui, insistant surtout sur des détails comme sa mauvaise mémoire notoire ou son habitude de se retirer pour regarder la télévision, à la Maison-Blanche, tous les jours à dix-huit heures.

Après avoir pris une douche, Hinckley chargea son calibre 22 avec les balles explosives dévastatrices qu'il avait achetées à Lubbock. Aux environs de 12 h 45, il écrivit à Jodie Foster une lettre qu'il croyait être la dernière.

> *Chère Jodie,*
> *Il est très possible que je sois tué quand je tenterai d'atteindre Reagan. C'est pour cette raison précise que je vous écris cette lettre.*
> *Comme vous le savez très bien maintenant, je vous aime très fort. Au cours des 7 mois écoulés, je vous ai laissé plusieurs dizaines de poèmes, de lettres et de messages d'amour, avec le faible espoir que vous vous intéresseriez à moi.*
> *Bien que nous nous soyons parlé deux fois au téléphone, je n'ai jamais osé vous approcher et me présenter à vous. Outre ma timidité, je ne voulais pas vous importuner avec ma présence constante. Je sais que les nombreux messages que j'ai laissés à votre porte et dans votre boîte à lettres étaient une nuisance, mais il m'a semblé que c'était le moyen le moins douloureux pour moi de vous exprimer mon amour.*
> *Je me sens très bien, maintenant que vous connaissez mon nom et mes sentiments pour vous. Et en traînant autour de votre dortoir, j'ai réalisé que j'étais devenu un grand sujet de conversations, aussi ridicules soient-elles. Vous savez du moins que je vous aimerai toujours, Jodie, et que j'abandonnerais dans la seconde l'idée d'abattre Reagan si je pouvais gagner votre cœur et passer le reste de*

ma vie près de vous, même si ce devait être dans l'obscurité totale.

Je dois admettre que je vais commettre cet acte parce que je ne peux pas attendre plus longtemps de vous impressionner. Je dois faire quelque chose maintenant pour vous faire comprendre, en termes dépourvus d'équivoque, que je fais tout cela pour vous ! En sacrifiant ma liberté, et peut-être ma vie, j'espère changer votre état d'esprit à mon égard. J'écris cette lettre une heure seulement avant de partir pour l'hôtel Hilton. Jodie, je vous demande de regarder au fond de votre cœur, s'il vous plaît, et de me laisser au moins une chance, grâce à ce fait historique, de gagner votre amour et votre respect.

Je vous aime pour la vie,

John Hinckley. »

Comme il pleuvait faiblement, cet après-midi-là, John Hinckley prit un taxi à 13 h 30 pour l'hôtel Hilton de Washington, situé 1919 Connecticut Avenue. Au moment où il arrivait, l'escorte présidentielle, dirigée par l'agent Drew Unrue, se garait devant l'hôtel. En entrant au Hilton, Reagan fit signe aux personnes rassemblées derrière une mince barrière de policiers, à moins de deux mètres des portes de l'établissement. Hinckley fut surpris de pouvoir se trouver si près de lui. Malgré la venue présidentielle, le Hilton vaquait à ses affaires quotidiennes, et Hinckley put entrer dans le hall par une autre porte sans être inquiété. Il resta assis pendant un petit quart d'heure. Puis il retourna se poster à l'extérieur.

A 14 h 25, le Président Reagan quitta la grande salle de bal et se dirigea vers sa limousine. Une dizaine de gardes du corps l'entouraient, avec à leur tête Jerry Parr, l'agent chargé de la protection la plus rapprochée du Président.

Ils étaient accompagnés du secrétaire de presse James Brady ainsi que de l'adjoint du chef d'état-major de la Maison-Blanche, Mike Deaver. Ils marchaient à quelques pas derrière Reagan, sur la gauche. Alors que Reagan se dirigeait vers la porte de l'hôtel, quelqu'un dans la foule cria: «Président Reagan, Président Reagan!». Comme Reagan se tournait vers la personne qui l'interpellait, et aussi vers John Hinckley, en faisant un signe amical à la foule peu nombreuse, Hinckley vit sa chance, le Président n'étant pas à plus de trois ou quatre mètres de lui. Il sortit son revolver de sa poche droite et s'accroupit en position de tir tenant son arme à deux mains. Il tira six fois de suite.

La première balle pénétra dans le cerveau de l'attaché de Presse James Brady, au-dessus de l'œil gauche. La seconde atteignit au cou l'officier de police Thomas Delahanty. La troisième ricocha sur le mur de l'immeuble. Se tournant vers l'endroit d'où étaient partis les coups de feu, l'agent des Services Secrets Timothy McCarthy eut la réaction qu'on attendait de lui en faisant un rempart de son corps au Président; il reçut la quatrième balle dans l'abdomen. La cinquième frappa la vitre antiballe de la limousine. La sixième et dernière balle ricocha sur la voiture, atteignit Reagan sous le bras et pénétra dans un poumon, à quelques centimètres du cœur.

Rapide comme l'éclair, Jerry Parr poussa le Président tête la première dans la limousine, et atterrit sur lui en se jetant à son tour dans la voiture. L'agent Ray Shaddick, claqua la portière. Sentant l'urgence de la situation, Drew Unrue enfonça la pédale d'accélération. La grosse voiture blindée démarra en trombe. Reagan reprocha à Parr de lui avoir fait mal aux côtes en lui tombant dessus. Les deux agents ne s'étaient pas encore rendu compte qu'il était blessé. Parr avait ordonné à Unrue de rouler tout droit vers la Maison-Blanche, croyant que c'était le lieu le plus sûr pour le Président. En passant dans un tunnel sous Dupont Circle, Reagan, se senti mal, et se mit à cracher du sang. Parr donna aussitôt l'ordre à Unrue de bifurquer sur George Washington University Hospital. Les réflexes de Parr ont certainement sauvé la vie du Président Reagan.

Quand ils arrivèrent à l'hôpital, le Président fut emmené directement au bloc opératoire, où les chirurgiens passèrent deux heures à l'opérer. Le soir, il était hors de danger. Dès le lendemain matin, il était redevenu lui-même, plaisantant sur le fait qu'il avait frôlé la mort, et déclarant aux chirurgiens : «J'espère que vous êtes Républicains, les gars !». Pour consoler sa femme, Nancy, il ajouta : «Désolé, ma chérie, j'avais oublié de me baisser !»

Au Hilton, c'était la panique totale. Les gens criaient en courant en tous sens pendant que les blessés gisaient dans des mares de sang. Arme au poing, les agents des services secret maîtrisèrent Hinckley alors qu'il appuyait encore sur la gâchette de son revolver vide. Il fut embarqué, arrêté et rapidement identifié. Les agents trouvèrent cinq photographies de Jodie Foster dans son portefeuille et une carte sur laquelle était imprimé le Second Amendement : «Le droit de porter des armes». Il eut treize chefs d'accusation, notamment celui de tentative d'assassinat sur la personne du Président Reagan, et d'attaque sur un officier de la police fédérale. On lui retira son revolver et on l'emmena au Département de Police Métropolitaine où il fut placé en garde à vue sans avoir la possibilité d'être mis en liberté sous caution. Plus tard, Hinckley demanda à l'un des policiers qui l'avaient arrêté si la nouvelle allait se répandre avant la présentation des oscars, qui devait être retransmise le soir-même à la télévision.

Dans la soirée, l'officier Delahanty et l'agent McCarthy furent hors de danger. S'ils étaient tirés d'affaire, les médecins craignaient en revanche pour la vie de James Brady. Il fallut plusieurs mois de traitement intensif avant qu'ils puissent se prononcer et déclarer qu'il allait survivre. Mais il resta fortement paralysé, et confiné pour le restant de ses jours dans un fauteuil roulant.

A la Maison-Blanche, la situation prit des allures de tragicomédie. Le vice-président George Bush, qui se trouvait au Texas cet après-midi-là, avait été immédiatement informé de la tentative d'assassinat du Président. Il était revenu à Washington par un vol Air Force Two. Alors que Reagan était emmené au bloc opératoire, aucune passation de pouvoir officielle n'avait eu lieu (ce qui doit se faire dans les situations où le Président est temporairement en incapacité de gouverner). Reagan était donc encore responsable du gouvernement et du pays. Cependant, à la Maison-Blanche, la situation n'était pas claire. Larry Speakes, le secrétaire de presse adjoint, revint du George Washington University Hospital dans un état plutôt agité. Sans consulter l'équipe senior de la Maison-Blanche, il alla tout droit dans la salle où se trouvait la presse et s'adressa aux journalistes, impatients d'avoir des nouvelles. Il déclara que «le Président était dans un état incertain», et il fit de son mieux pour répondre au pied levé à tous ceux qui voulaient savoir qui était en ce moment le chef du Gouvernement, qui dirigeait la Maison-Blanche, et plus particulièrement entre quelles mains se trouvaient la défense du pays et la force de frappe nucléaire. Plusieurs conseillers du Président qui suivaient le débat sur le réseau de télévision interne remarquèrent que Speakes se débattait, en particulier au sujet de l'état d'alerte et de l'aptitude des forces opérationnelles. Quand une tentative d'assassinat du Président a lieu, la possibilité qu'il s'agisse d'un préambule à une attaque ennemie est toujours prise en considération.

A ce moment-là, le Secrétaire d'Etat Alexander Haig se leva en disant : « Il vaut mieux que j'y aille et que je fasse une déclaration. » Il se précipita vers le point-presse installé à la hâte, et déclara à 16 h 15 : « pour l'instant, c'est moi qui assure l'intérim à la Maison-Blanche... »

Or, il n'assurait rien de tel. L'interim présidentiel, tel qu'il est défini par le Presidential Succession Act de 1947, aurait placé Haig non seulement après Bush, le vice-président élu, mais aussi après le porte-parole de la Chambre des Représentants et le Président du Sénat par intérim. Des esprits charitables ont dit que Haig agissait en référence au premier Succession Act de 1886. Cependant, étant donné que ce statut avait été mis à jour par l'Act de 1947 et le vingt-cinquième amendement de la Constitution, il est plus probable qu'il se soit laissé entraîné par la confusion générale et par le sentiment de sa propre importance. Selon Martin Anderson, le Chef du programme de politique intérieure, le discours de Haig «... déclencha une explosion d'inquiétude... Pour les millions d'Américains qui suivaient les informations afin de savoir si le Président Reagan était encore de ce monde, les paroles de Haig reflétèrent une soif cachée de pouvoir et eurent un effet alarmant. »

L'arrivée de Bush, ce soir-là, restaura le calme mais l'incident devait hanter Haig pour le restant de sa carrière politique.

La folle tentative d'assassinat perpétrée par John Hinckley dans l'après-midi eut d'énormes conséquences. Non seulement il avait failli tuer un des hommes les plus puissants du monde, mais il avait indirectement provoqué une profonde faille au sein de l'administration Reagan.

Quoi qu'il en soit, Hinckley avait fait en sorte d'être le principal sujet des informations à la télévision, à la radio et dans la presse, au niveau international.

Jo Ann Hinckley regardait la télévision chez elle, quand le programme fut interrompu par un flash. En entendant le présentateur décrire le tireur comme un homme d'une vingtaine d'années aux cheveux clairs, elle se sentit de tout cœur avec sa famille. Puis le téléphone sonna. C'était un journaliste du Washington Post.

«Mrs Hinckley, êtes-vous en train de regarder la télévision? Savez-vous que John Hinckley est l'homme qui a été identifié comme étant l'assassin du Président?»

Jack Hinckley entendit les nouvelles à la radio après que le tireur eut été identifié sous le nom de son fils. Il resta complètement incrédule. Comme il devait commenter plus tard:

«C'était difficile d'aider John à s'affirmer.... Il était toujours plus inactif et plus apathique. Etait-ce vraiment quelqu'un capable d'acheter un revolver, de traverser tout le pays et d'aller tirer sur le Président des Etats-Unis?»

Jodie Foster traversait en courant le campus de Yale avec une amie quand elle entendit que le Président Reagan avait failli être assassiné. A ce moment-là, elle ne pensa pas un seul instant que l'assassin était l'homme bizarre qui lui avait téléphoné et qui l'avait harcelée avec des lettres d'amour. Quand le public fut informé des motivations de Hinckley, et que Jodie apprit que ses photographies et son adresse à l'université avaient été trouvées dans la chambre du jeune homme, elle fut très secouée. Une foule de journalistes arriva à Yale. Jodie Foster leur reprocha ensuite d'avoir «envahi le campus comme un escadron de cavalerie. Je ne pouvais pas me protéger». Elle donna une brève conférence de presse au cours de laquelle elle parla de sa réaction en apprenant cette nouvelle. Elle dit qu'elle avait été «prise de convulsions douloureuses. J'avais mal. Je ne pensais plus au Président, ni à son agresseur, ni à ce crime ni à la presse. Je pleurais pour moi, moi, la victime non consentante. Celle qui allait payer à la fin. Celle qui avait payé depuis le début – et, oui, qui continue à payer!»

Le procès de John Hinckley démarra l'année suivante, le 4 mai 1982. Hinckley insista pour que ses avocats fassent comparaître Jodie Foster en tant que témoin. Si elle ne venait pas, il refuserait de coopérer avec eux. Finalement, elle accepta de témoigner à huis-clos, en la seule présence du juge, des avocats et de l'accusé, afin de se protéger des médias. Cette audience fut filmée puis retransmise devant le tribunal et les jurés.

Jodie Foster répondit calmement aux questions. Elle raconta que peu de temps après avoir commencé ses études à Yale, elle avait reçu des lettres et des poèmes de Hinckley. Elle précisa que ni elle ni ses amis ne le connaissaient. Les premières missives d'amour de John ressemblaient beaucoup à celles d'autres fans amoureux d'elle. Elle en avait reçu quelques-unes en septembre 1980, et un autre paquet était arrivé un peu plus tard, la même année.

Elle les avait jetées. Mais en lisant la nouvelle série de mots doux qu'elle avait reçus en mars 1981, elle avait remarqué que le ton avait changé. «C'était un genre tout à fait différent, c'est pourquoi je les ai montrées au doyen de l'université.» Son inquiétude était légitime. Dans une de ces lettres, Hinckley avait écrit: «Tout cela est pour toi, Foster.» Une autre disait: «Jodie Foster, mon amour, attends-moi. Je vais bientôt venir te sauver. Je t'en prie, mets-y du tien. J.W.H.» Elle reconnut devant le tribunal que dans *Taxi Driver*, le personnage nommé Travis Bickle envoie lui aussi à Iris une missive dont le contenu a le même sens. Elle affirma n'avoir jamais répondu aux lettres de John Hinckley. Elle ne lui avait jamais demandé de lui écrire, et elle confirma qu'elle n'avait jamais eu la moindre relation avec lui.

Le jeune homme devint fou en l'entendant prononcer ces paroles. Réagissant à ce qu'il allait décrire par la suite comme une rebuffade, il se mit à crier à l'adresse de l'actrice : « Je t'aurai ! », et il se serait jeté sur elle si les policiers ne l'avaient pas retenu. En entendant la retransmission de leur « conversation » téléphonique, Hinckley entra de nouveau dans une fureur noire. Il bondit en agitant les bras et en hurlant pour essayer de couvrir les paroles diffusées dans la salle. Il essaya encore, vainement, d'échapper à la garde des policiers.

Les avocats de Hinckley firent aussi projeter *Taxi Driver*. La réaction de l'accusé, quand il vit le film, prouva à quel point il avait été influencé. Il ne cessa de remuer sur sa chaise pour mieux voir Robert De Niro chaque fois que l'acteur apparaissait, et il était tellement absorbé qu'il suivit la projection la bouche ouverte, les yeux rivés sur l'écran. Il ne détourna le regard que deux fois : quand Betsy refuse un rendez-vous à Travis – à ce moment-là, Hinckley ôta ses lunettes et tourna la tête ; la seconde fois, ce fut quand Iris, incarnée par Jodie Foster, embrasse son souteneur. Cette fois-ci, il regarda franchement ailleurs.

Le 21 juin 1982, après plus de sept semaines de témoignages et trois jours de délibérations, les sept femmes et les cinq hommes qui composaient le jury rendirent le verdict sur les treize chefs d'accusation, dont six tentatives de meurtre et la tentative d'assassinat sur la personne du Président Reagan. Considéré comme irresponsable, John Hinckley fils fut jugé non coupable. Toute l'assistance fut choquée. La condamnation de John Hinckley paraissait inévitable, et personne, y compris les avocats de John, ne s'attendait à cette décision. Ils avaient mis tous leurs espoirs dans une décision récente.

Le juge Parker avait décrété que c'était à l'accusation d'apporter la preuve de la bonne santé mentale d'Hinckley. Le Procureur de la République devait donc prouver de la façon la plus convaincante possible que John Hinckley était sain d'esprit quand il avait tiré sur le Président. Mais certains jurés pensaient que les tendances suicidaires qui transparaissaient dans les lettres adressées à Jodie Foster par l'accusé indiquaient un esprit dérangé. D'autres trouvaient que ses tentatives d'obtenir de l'argent de ses parents avaient clairement démontré qu'il avait toute sa tête. Cependant, ils n'étaient pas d'accord sur la façon d'interpréter ses allées et venues perpétuelles à travers les Etats-Unis. Un des jurés déclara :

« Personne n'aurait envie de dépenser son argent de cette façon, quelle que soit la somme en sa possession. Payer un billet d'avion pour ne rester qu'un jour. Je ne comprends pas cela. »

Un autre affirma :

« Le fait d'acheter un billet d'avion et d'aller où vous voulez, si vous avez l'argent pour le faire, prouve que vous avez une santé mentale normale. »

Hinckley fut immédiatement déféré et confié aux soins de l'hôpital Sainte-Elizabeth de Washington, un service dépendant du Département de la Santé Mentale américain. Après avoir subi un examen psychiatrique, il fut déclaré dangereux envers lui-même et envers Jodie Foster. Aujourd'hui encore, il fait partie des patients de l'hôpital Sainte-Elizabeth, mais il a le droit de sortir dans la journée pour se rendre dans des centres commerciaux, des librairies ou au restaurant. Malgré son hospitalisation, Hinckley était déterminé à ne pas se faire oublier du public. Peu de temps après être entré à l'hôpital, il donna une interview au magazine «Penthouse», au cours de laquelle il décrivit une de ses journées à Sainte-Elizabeth :

«Je vois un thérapeute, je réponds à du courrier, je joue de la guitare, j'écoute de la musique, je vais à la piscine, je regarde la télévision, je mange de la nourriture infecte et je prends de délicieux médicaments.»

A l'issue du procès, le Dr John Hopper fut poursuivi par les victimes de la folie meurtrière de Hinckley, à l'exception notable du Président Reagan. A la barre, James Brady, Thomas Delahanty et Timothy Mc Carthy affirmèrent que le Dr Hopper n'avait pas su soigner John Hinckley. Ils exigèrent quatorze millions de dollars de dommages et intérêts, déclarant que le Dr Hopper aurait dû, en tant que psychiatre professionnel, reconnaître le danger et la menace que Hinckley représentait pour la société, et faire en sorte qu'il soit envoyé dans un hôpital psychiatrique. Ils lui reprochèrent de ne pas avoir prévenu la police de la possibilité que Hinckley tente d'assassiner un personnage politique, alors qu'il avait lui-même déclaré que sa santé mentale s'était considérablement dégradée. Cette plainte fut finalement rejetée. Le tribunal fédéral des Etats-Unis décida que Hinckley n'avait jamais menacé personne, et que le Dr Hopper ne pouvait donc pas savoir qu'il était dangereux, ni prévenir Brady et ses collègues d'un danger potentiel.

En 1985, John Hinckley se rendit lui-même au tribunal pour demander que soient levés les interdits concernant son accès au téléphone et aux privilèges accordés par l'hôpital : l'opportunité de sortir en étant accompagné par un membre de l'équipe médicale. Voici comment Hinckley formula sa requête :

«Votre Honneur, je comprends maintenant que j'avais vraiment besoin de cette restriction concernant les interviews, pendant l'été 82, car mon jugement était faible et mes illusions au sujet de Jodie Foster étaient si fortes que des paroles très dangereuses auraient pu m'échapper. Mais aujourd'hui, les médecins qui me suivent pensent, comme moi, que mon jugement est bien meilleur et que mon obsession de Jodie Foster a disparu depuis 19 mois...

Je crois aussi être prêt à bénéficier de quelques privilèges limités... Je les mérite maintenant parce que mes médecins disent que je suis cliniquement prêt à les recevoir. Il ne doit pas falloir plus d'une ou deux semaines pour mettre au point les précautions de sécurité. J'accepterais de porter un gilet pare-balles et d'être accompagné d'un gardien armé, si c'est ce que désirent l'hôpital et le tribunal.

Tout ce que je demande, c'est d'avoir la chance de faire ma thérapie au soleil, ce qui me changerait des murs et des clôtures et des barreaux et de toutes ces choses très déprimantes. L'atmosphère dans le Pavillon John Howard peut être parfois suffocante, et ce serait la meilleure thérapie du monde pour moi si je pouvais respirer l'air frais, en dehors de ce bâtiment, une heure par jour, ou une heure par semaine si le tribunal considère que c'est plus approprié.

Votre Honneur, cela fait deux ans et demi que j'ai commis cette tentative d'assassinat, et beaucoup de choses ont eu lieu depuis. J'ai passé 13 mois dans un état de grande dépression en attendant le procès.

Le 21 juin 1982, j'ai été jugé non coupable pour cause d'irresponsabilité et le jour suivant, on m'a emmené à l'Hôpital Sainte-Elizabeth pour me faire soigner. Les 6 premiers mois à l'hôpital ont été lugubres parce que j'étais toujours obsédé, déprimé et désespéré.

Au sommet de mon désespoir, le 13 février 1983, j'ai tenté de me suicider et, Dieu merci, j'ai échoué. Tout a changé depuis cette tentative de suicide.

J'ai surmonté mon obsession de Jodie Foster grâce à

une thérapie intensive, à des médicaments et à tout l'amour que les gens qui m'entourent m'ont prodigué. Pour la première fois depuis plusieurs années, j'étais heureux d'être vivant et chaque jour devenait pour moi un défi excitant et une aventure.

Maintenant, j'apprécie la vie, et je pense que chaque vie est sacrée et précieuse. Je ne ferai plus jamais de mal à un autre être humain. En ce qui concerne les interviews accordées aux médias... j'aimerais en donner, de temps à autre, à des représentants des médias auxquels je pourrais faire confiance, mais l'hôpital ne le permet pas aux patients. Il est parfaitement évident que la mesure de restriction concernant les interviews, à Sainte-Elizabeth, a été établie en pensant à John Hinckley. Naturellement, je suis le patient le plus connu dans cet hôpital, et je suis le seul qui intéresse les médias...

Votre Honneur, je suis prêt à endosser quelques responsabilités. Je vous demande de lever les restrictions concernant les appels téléphoniques et les interviews, et de me laisser me promener, sous la surveillance de l'hôpital, en étant accompagné. Je vous en prie, laissez-moi l'occasion de vous prouver, à vous, aux médecins et au monde entier, que je vais bien.

Merci.»

Après avoir écouté sa requête, le juge Parker refusa de mettre un terme à la politique restrictive de l'hôpital.

En 1987, alors que Hinckley venait de faire une demande de sortie pour aller voir sa famille, à Pâques, le juge Parker ordonna une perquisition dans sa chambre. La fouille révéla vingt photographies interdites et des textes prouvant qu'il était toujours obsédé par Jodie Foster. On trouva aussi des lettres adressées à d'autres prisonniers, parmi lesquels figurait le tueur en série Ted Bundy.

Après le procès de John Hinckley, nombreux furent

ceux qui restèrent avec l'impression que la justice n'avait pas fait son travail. L'intérêt des médias pour cette affaire redoubla, ainsi que la célébrité de Hinckley. La conséquence directe fut une modification de la législation dans plusieurs Etats, afin de limiter les plaidoiries basées sur la folie. Dans le mois qui suivit le jugement, la Chambre des Représentants et le Sénat se réunirent pour débattre de l'utilisation de la folie comme argument de défense.

Une mesure fut proposée pour que la défense ait la charge de prouver la folie de l'accusé. Les deux-tiers des Etats approuvèrent cette mesure au cours des trois ans qui suivirent le procès de Hinckley. Plusieurs Etats modifièrent leurs lois afin de restreindre la définition de la folie et son utilisation comme argument de défense. Le Montana, l'Idaho et l'Utah l'abolirent complètement. Douze ans après la tentative d'assassinat sur Reagan, le Président Clinton signa le Brady Bill (baptisé ainsi en hommage à James Brady), qui exige une période d'attente et une enquête pour tout achat d'arme de poing chez un marchand qui doit être pourvu d'une licence.

Jodie Foster venait à peine d'en finir avec un maniaque que, peu de temps après l'arrestation de Hinckley, un autre obsédé nommé Edward Michael Richardson la remit en ligne de mire. Il avait décidé de terminer ce que Hinckley avait entrepris. Richardson se rendait à Washington DC quand il fut arrêté par les autorités fédérales. Il portait un revolver chargé. Il raconta à la police qu'il était obsédé par Jodie Foster. Il était d'abord allé à Yale avec l'intention de la tuer, mais après l'avoir suivie un certain temps sur le campus, il l'avait trouvée «trop jolie». Changeant d'idée, il avait décidé de tuer le Président.

Après cette expérience, Jodie Foster se retira presque

complètement de la scène publique. Elle devint, et elle est restée à ce jour, une des célébrités d'Hollywood qui protègent le plus leur vie privée. Elle refuse de faire des commentaires sur l'affaire Hinckley, réduisant les interviews aux questions qui concernent sa carrière, et elle y met fin si le sujet est abordé.

Elle retourna à sa vie d'étudiante et obtint ses diplômes à Yale en 1985 avec mention. En 1988, elle tourna de nouveau un film destiné à être célèbre, le très controversé *The Accused*, dans lequel elle partage l'affiche avec Kelly McGillis. Ce fut l'un de ses plus beaux rôles, qui lui valut le Golden Globe et son premier oscar décerné à la meilleure actrice. Elle fit ensuite les délices d'Hollywood, en 1991, en gagnant son second oscar de meilleure actrice pour son interprétation de Clarice Starling, agent débutante du FBI dans *Le Silence des Agneaux*, devenant ainsi la première personne à emporter deux oscars avant d'atteindre son trentième anniversaire.

Aujourd'hui, Jodie Foster est l'une des femmes les plus puissantes d'Hollywood, et l'une de ses actrices et directrices les mieux rémunérées. En 1998, elle a donné naissance à son premier fils, Charles, et en 2001, tout de suite après avoir terminé le tournage de *The Panic Room*, elle eut son second enfant, Kit.

Plus de vingt ans après sa tentative d'assassinat en 1981, John Hinckley passe ses journées dans une propriété bordée d'arbres. Depuis 1990, il s'est engagé dans une liaison sentimentale avec Leslie deVeau, une patiente de l'hôpital Sainte-Elizabeth. Leslie avait été internée après avoir tué sa fille, âgée de 10 ans, et avoir fait une tentative de suicide.

Hinckley sort régulièrement de l'hôpital avec sa petite amie. De nombreuses personnes regrettent de le voir mener une vie beaucoup plus agréable que bien des gens libres, et se demandent quelle punition a été infligée à un homme qui a plongé des innocents dans la douleur.

A ce jour, Jodie Foster reste la victime d'un maniaque qui était prêt à assassiner le Président Ronald Reagan, et qui blessa trois autres personnes au cours de son acte, dans le simple but d'attirer son attention. Il n'est pas difficile de croire que l'actrice serait plus rassurée si Hinckley était sous les verrous. Cependant, d'après la loi, John Hinckley, qui passe aux yeux de la plupart des gens pour un harceleur obsédé à vie, «est un patient, non un prisonnier».

Gianni Versace
Vengeance (pp. 103 à 141)

Gianni Versace, grand couturier italien, aimait venir se reposer
à South Beach Miami, haut lieu de la scène homosexuelle.

Andrew Cunanan, assassin de Gianni Versace

Andrew Cunana,
Photo universitaire.

Andrew Cunanan, le charmeur adolescent dans les années 1980.

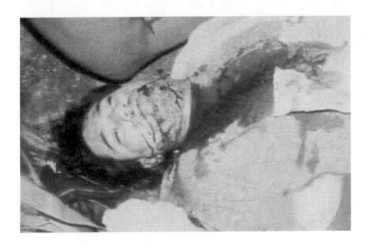

Andrew Cunana après son suicide en 1997.

Jodie Foster et John W. Hinckley
Je vous aimerais toujours (pp. 143 à 177)

Jodie Foster a débuté sa carrière d'actrice à l'âge de 10 ans, à 14 ans, elle interpréta le rôle d'Iris dans *Taxi Driver* de Martin Scorsese.
Ce personnage fit fantasmer John W. Hinckley.

Pour attirer l'attention de Jodie Foster, John W. Hinckley tenta d'assassiner le président Ronald Reagan. Mais pour la loi, c'est un patient psychiatrique plutôt qu'un prisonnier.

Madonna
Le «Materiel Man» (pp. 179 à 204)

Madonna est une superstar, provocatrice qui attire de nombreux admirateurs...

Robert Dewey Hoskins à été condamné en 1996 à 8 ans de prison. Il devrait être libéré en 2004, mais le procureur Saunders a déclaré: «Il ne faudrait pas le relacher, car il est encore capable de blesser ou de tuer quelqu'un.»

CHAPITRE VI

LE «MATERIAL MAN»

La Loi de Los Angeles définit le harcèlement en ces termes : Le fait de suivre ou de harceler quelqu'un de façon réitérée, avec obstination et malveillance, ce qui implique la menace crédible de mise en danger de cette personne elle-même ou de sa famille.

En 1995, une superstar de la musique pop s'est trouvée prise dans l'un des cas de harcèlement les plus bizarres de ces dernières années. Cette femme est sans doute l'une des rares célébrités internationales que l'on puisse reconnaître à l'évocation de son seul prénom. Sujet de controverse, elle est tout à la fois impertinente, créative, sexy, dérangeante et innovante. La presse du monde entier suit de près tout ce qu'elle fait depuis son ascension fulgurante vers la gloire dans la musique pop, au début des années 1980. Elle a vendu plus de cent cinquante millions de disques, dans le monde entier. A son palmarès figurent des productions télévisées, du marketing, des rôles au cinéma et une publication de livre. Elle est estimée valoir au moins six cent cinquante millions de dollars.

Elle se nomme Madonna Louise Veronica Ciccone.

Silvio «Tony» Ciccone, était le fils d'un émigré napolitain. Quant à Madonna Fortin, elle était issue d'une famille franco-canadienne. Fervents catholiques tous les deux, ils s'étaient mariés en 1955 à Bay City, la ville où ils habitaient dans le Michigan. Après avoir été officier dans l'Armée de l'Air, Tony fut ingénieur chez Chrysler, dans le secteur de la défense. Sa femme Madonna restait à la maison pour élever leurs cinq enfants : Anthony, Martin, Madonna, Paula et Christopher.

En 1962, la tragédie s'abattit sur la famille Ciccone, quand Madonna Fortin apprit qu'elle avait un cancer du sein, alors qu'elle était enceinte de son sixième enfant, Mélanie. Il fallut attendre la naissance de la fillette pour commencer un traitement, mais il était trop tard. Pendant le temps qui lui restait à vivre, Madonna s'occupa de ses enfants du mieux qu'elle put, en essayant de leur donner une vie familiale aussi normale que possible. La jeune Madonna n'avait que 5 ans lorsque sa mère mourut, entourée de son mari et de ses six enfants.

Etant la fille aînée, et portant le même prénom que sa mère, Madonna éprouva un vide terrible. Elle faisait constamment des cauchemars, et détestait s'éloigner de la sécurité de sa maison. Sa vision du monde fut modifiée à jamais.

Tony Ciccone, homme calme et profond, travailla dur pour élever seul ses six enfants. Partisan d'une discipline ferme, il se montrait assez distant avec eux. Il engagea plusieurs gouvernantes pour tenir sa maison, mais il voulait aussi que ses enfants participent. Ils n'avaient pas souvent le droit de regarder la télévision, de crainte que leur travail scolaire n'en pâtisse. Les douceurs et les gâteries étaient rares.

Sa mère n'étant plus là, Madonna se tourna vers son père, dont elle chercha l'attention et l'approbation. Loin de devenir subversive, comme on aurait pu le craindre, Madonna devint une petite fille modèle. Elle était toujours la première à accomplir ses tâches ménagères, elle accompagnait son père à la messe chaque matin, de bonne heure, à l'église catholique. Elle chantait dans le chœur de l'école, et elle devint responsable de classe. Excellente élève, elle avait toujours les meilleures notes, à la grande satisfaction de son père, qui l'appelait «sa petite dame».

En 1996, alors que Madonna venait d'avoir 8 ans, sa vie bascula encore une fois.

Son père fréquentait Joan, la dernière gouvernante qu'il avait engagée. Ils ne tardèrent pas à annoncer leur intention de se marier. Aux yeux de la fillette, qui avait perdu sa mère alors qu'elle était encore si petite, cette femme lui enlevait son père et, en même temps, l'affection qu'il lui témoignait. Une belle-mère était la dernière chose qu'elle voulait, et elle se sentait trahie par son père.

Deux ans après, pour couronner le tout, arrivèrent une demi-sœur, Jennifer, et un demi-frère, Mario. Tony décida alors de faire un nouveau départ en déménageant. Ils quittèrent la maison dans laquelle ses enfants avaient grandi, pour s'installer dans une demeure de style colonial, à Rochester, une ville chic dans l'Etat de New York.

Avec l'arrivée de sa belle-mère et de ses frère et sœur, Madonna changea radicalement. A 10 ans, la fillette obligeante, pleine de bonne volonté devint difficile et exigeante. Dès que Joan s'engagea avec son père, elle adopta envers elle une attitude pleine de mépris. Quand ils furent mariés, elle refusa de l'appeler «maman» comme son père l'incitait à le faire. Elle commença à se disputer avec elle à propos de tout et de rien. N'ayant pas le droit de se maquiller et de porter des robes courtes pour aller à l'école, elle les sortait subrepticement de la maison pour se changer plus tard dans la journée.

Alors qu'elle avait toujours été une élève calme et appliquée, elle devint l'extravertie de la classe, à St Andrew, sa nouvelle école. Elle ne cherchait plus qu'à s'amuser et à attirer l'attention sur elle, mais grâce à son intelligence naturelle, son travail scolaire ne fut pas affecté par ce nouveau comportement. Très populaire, elle se fit de nombreux amies et petits amis. Il devint vite évident qu'elle adorait la danse et la musique pop. Chaque samedi, elle alla suivre des cours de danse-jazz, claquettes et danses de salon. Elle participait au maximum de compétitions possibles, et elle était atterrée quand elle perdait.

En 1972, après l'école de St Andrew, Madonna entra au collège de West Junior High. Ses talents en matière de danse lui valurent une place dans l'équipe des pom-pom girls. Sous sa tutelle, l'équipe junior gagna l'attention du public, aux détriments de l'équipe des grands, largement ignorée, et très irritée par la précocité de la jeune Madonna.

Lors de la remise des diplômes, Madonna figura parmi les dix premiers de l'école.

Au lycée Adams, elle passa dans l'équipe des pom-pom girls senior. Là encore, elle fut une adolescente très populaire et s'attira de nombreux admirateurs masculins. Mais sa véritable passion, c'était de commencer à s'imposer. Elle entra à la Thespian Society du Collège Adams, où elle obtint un rôle dans *Pygmalion* et *Cendrillon*. Elle incarna aussi Morticia dans *La Famille Adams*. Mais ce fut à l'occasion d'un spectacle de lycée que Madonna impressionna considérablement ses camarades.

Elle voulait se présenter au concours annuel de théâtre du lycée, et arriver en tête. Après quelque trois mille représentations à Broadway, la comédie musicale *God-spell* faisait une tournée mondiale à guichets fermés. C'était un mélange de musique pop et de théâtre qui procurait à l'adolescente ambitieuse le rôle précis qu'elle désirait pour faire ses preuves. Elle choisit le personnage de Sonia et la chanson *Turn back, O Man*, qu'elle répéta pendant plusieurs semaines tout en adaptant la chorégraphie pour elle.

Le jour du concours, Madonna joua son rôle sexy à la perfection, et sa brillante performance lui valut les ovations d'un public déchaîné qui se leva pour l'acclamer. Versant des larmes de joie sous ce déluge d'applaudissements, Madonna savoura cette expérience, qui faisait d'elle le point de mire d'une salle entière. Ce soir-là, le public du théâtre du lycée Adams put avoir un premier aperçu des talents scéniques de Madonna, que le monde entier allait bientôt réclamer. Madonna avait trouvé sa vocation.

A 15 ans, elle s'inscrivit à un cours de danse, à Rochester. Le directeur de l'école était Christopher Flynn, un homosexuel extravagant, ancien danseur de ballet. Il avait la réputation d'être un excellent professeur, qui employait cependant des méthodes sadiques avec ses élèves. Il les frappait avec une baguette pour leur faire prendre l'attitude désirée, et il leur pinçait les jambes quand il voulait les leur faire lever plus haut. C'était un être ironique, caustique, qui éperonnait ses élèves par l'humiliation. En ce qui concerne Madonna, il était sans doute la seule personne qui pouvait lui enseigner cette technique exigeant une discipline de fer. Elle se jeta à corps perdu dans ces leçons, à raison de deux heures chaque soir. Les sarcasmes et les excès verbaux de Christopher Flynn la laissaient indifférente. En fait, ils la stimulaient plutôt pour progresser et gagner le respect de son professeur. Elle finit par se lier d'amitié avec Flynn, qui l'introduisit dans l'univers des arts, où il l'aida à se découvrir d'autres intérêts culturels. Ensemble, ils visitaient des musées et des galeries d'art, et ils allaient écouter des concerts.

Quand Madonna entra en troisième, au lycée, elle avait déjà cessé de faire le clown et avait commencé à travailler dur pour ses études. Elle changea d'apparence, abandonnant les caprices saisonniers de la mode pour créer son propre style. Elle se mit à porter des bandannas, des salopettes et des bottes. Elle arrêta de se maquiller et devint végétarienne. La nuit, au grand désarroi de son père, elle fréquentait avec Christopher Flynn les clubs gay, où le disco était en train de devenir la nouvelle coqueluche. Pour Madonna, la danse était une expression naturelle qui la rendait heureuse. Elle était attirée par les hommes homosexuels, qui ne présentaient aucun danger, et elle aimait sortir avec eux. Eux aussi étaient des étrangers dans le monde conservateur de Rochester.

Quand Flynn proposa à Madonna de se présenter au cursus de danse de l'Université du Michigan, elle sauta sur l'occasion. Ses professeurs l'encouragèrent aussi, bien que cela signifiât qu'elle devrait quitter le lycée avant d'avoir passé ses examens. Grâce à l''influence de Flynn, elle obtint une bourse. Son père, fier mais préoccupé, reconnut que c'était une grande réussite, et il finit par accepter qu'elle aille à Ann Arbor, à condition qu'elle dorme dans le dortoir des filles. Madonna laissa derrière elle la vie de famille, Rochester et le lycée Adams, un semestre avant de passer ses examens. Elle ne regarda jamais en arrière.

Elle était convaincue que la danse était pour elle le moyen d'atteindre la gloire. Très déterminée, elle se consacra entièrement à ses cours, tout en ayant une vie sociale très animée à Ann Arbor, où elle passait ses nuits à danser dans les boîtes disco gay. Cependant, elle fit toujours en sorte que son travail n'en soit pas affecté.

Au cours de l'été 1977, Madonna gagna une bourse pour six semaines à l'American Dance Theater, dirigé par Alvin Ailey, à New York. Cette ville la fascina, et elle la considéra vite comme sa maison spirituelle. A l'automne, elle retourna à l'université, plus impatiente que jamais de prendre sa vie en mains et de rencontrer sa vraie destinée, qu'elle savait maintenant être à New York. Elle voulait sortir avec ses nouveaux amis, tout aussi avides qu'elle de réussir dans la danse. Au bout de deux années d'université, Madonna put convaincre la *«Pearl Lang Company»*, à New York, de l'engager dans sa troupe. Elle était lassée des études et ne rêvait que de franchir la nouvelle étape de sa vie. Flynn, son mentor, l'encouragea et la conduisit lui-même à New York.

Madonna emménagea dans un appartement délabré, dans le Lower East Side. Elle prit un travail à temps partiel aux «Salons de Thé russes» et un autre dans un fast-food afin de payer son loyer. Pour sept dollars de l'heure, elle se mit à poser nue devant les artistes et les étudiants des beaux-arts. Elle aimait être modèle, car elle était fière de sa silhouette svelte de danseuse. Elle menait une vie simple, une vie de bohême; elle visitait les galeries d'art, lisait des romans classiques, et mangeait très peu. Mais bientôt, elle fut de nouveau gagnée par l'impatience. Elle avait le sentiment que le temps fuyait et qu'elle n'atteignait toujours pas son but. L'idée de rester encore trois ans à l'école de danse avant de partir en tournée avec un corps de ballet, sans parler d'avoir le premier rôle, lui répugnait. Elle annonça à Peal Lang: «Je crois que je serai une star du rock», et elle partit pour de bon.

C'était en 1979. Madonna s'immergea dans l'univers de la musique. Elle passa une brève période à Paris, où elle dansa et soutint la pop star française Patrick Hernandez, qui était extrêmement populaire à l'époque. Pensant qu'il n'y avait rien pour elle de ce côté de l'Atlantique, elle retourna à New York après avoir dit à Hernandez : « Le succès est pour toi aujourd'hui. Mais il sera pour moi demain ».

De retour à New York, elle apprit à jouer de la guitare, des percussions et du clavier électronique. Elle consacrait chaque moment libre à perfectionner sa technique. Un ami lui apprit à composer des chansons, et dès qu'elle eut compris qu'elles étaient basées sur les émotions et les événements quotidiens, rien ne put l'arrêter. Madonna avait toujours écrit un journal intime, lui confiant ses sentiments à propos des choses les plus triviales ou des moments les plus importants de sa vie. Elle y chercha des idées et se mit à produire des chansons au rythme de une par jour. Elle se joignit aussi à différents groupes de musique, mais ils rompirent avec elle, leurs points de vue artistiques étant divergents, ou ce fut elle, parfois, qui s'en alla parce qu'elle trouvait qu'ils ne progressaient pas assez vite. Finalement, elle créa son propre groupe, *The Millionnaires,* qu'elle rebaptisa plus tard Emmy.

Alors qu'elle donnait un concert avec Emmy chez « Max's Kansas City », elle fut remarquée par une femme qui allait devenir son premier manager. Camille Barbone était italo-américaine, et lesbienne. Elle voulait diriger la plus grande star de rock au monde. Elle sut tout de suite qu'elle l'avait trouvée en Madonna. Mais son groupe ne l'intéressait pas. Elle ne voulait que la chanteuse farouche et farfelue. Elle offrit à Madonna un contrat englobant un cachet de 100 $ par semaine, un studio, et un emploi de femme de ménage à temps partiel. Elle obtint aussi pour elle un contrat avec Gotham Records.

Camille Barbone devint le second mentor de Madonna. Les deux femmes se lièrent d'amitié, mais Madonna flirtait continuellement avec Camille, sachant qu'elle était amoureuse d'elle. Ses concerts étaient désormais plus réguliers, et elle gagnait généralement huit cents dollars par soirée. Camille Barbone essayait d'attirer l'attention de responsables de maisons de disques en faisant venir des danseurs qui se produisaient pendant le concert, ou elle payait des filles pour qu'elles s'habillent dans le style de Madonna. Cependant, Madonna trouva bientôt que les choses n'avançaient pas assez vite et qu'elle perdait son temps. Elle voulait la gloire, immédiatement. Elle passa sa frustration sur Camille Barbone, qui en fut profondément blessée, tant sur le plan affectif que professionnel. Comprenant que sa protégée voulait la quitter, elle s'adonna à la boisson. Leur relation se dégrada. Les deux femmes étaient désormais en constant désaccord. Madonna commença à rencontrer en secret d'autres personnes liées à l'industrie du disque. Camille Barbone fit venir des producteurs de disques pour qu'ils l'écoutent chanter dans le fameux club Undergroung. Il était question d'enregistrer un album, mais quand Madonna entra sur scène, ils étaient partis. Furieuse, la chanteuse congédia son manager, mettant fin sur-le-champ à leur contrat. Anéantie, Camille Barbone sombra dans l'alcool et fit une dépression nerveuse. Elle abandonna complètement l'univers de la musique.

Madonna signa son contrat d'enregistrement avec Warner Brothers. Ce n'était pas un marché parfait. Le label offrait peu de publicité, mais il fournissait une avance pour un double 45 tours. La chanteuse enregistra son premier 45 tours *Everybody*, et grâce à la publicité dont elle s'occupa elle-même, il fut beaucoup joué dans les clubs new-yorkais. En juillet 1982, il entra au hit-parade et arriva en tête au bout de quelques semaines.

Surprise par cette réussite, la maison de disques lui offrit aussitôt un contrat pour l'enregistrement d'un album. Enfin, Madonna sentait venir le succès, son rêve américain était à porté de main. La petite-fille d'un émigré italien allait devenir la plus grande rock star du monde, et personne n'ignorerait son nom. Mais cela rendit la vie encore plus difficile à Camille Barbone, le nom de «Madonna», la nouvelle star du rock, étant sur toutes les lèvres. Dès qu'elle chantait quelque part, les journaux parlait d'elle, les stations de radio jouaient ses chansons les plus populaires, et les panneaux d'affichage arboraient sa photographie. Camille Barbone n'avait aucune chance d'oublier son ancienne protégée.

Le premier album, Madonna, fut lancé en 1983. Contenant les fantastiques succès *Holiday* et *Lucky Star*, il se vendit à plus de neuf millions d'exemplaires. La star commença à passer à la télévision et son nom fut bientôt sur toutes les lèvres. La jeune chaîne musicale de télévision MTV aimait son allure et ses vidéos flamboyantes, faites sur mesure pour leur jeune public dans le vent. Madonna s'entourait d'une équipe triée sur le volet pour l'aider à conquérir le monde.

En 1984, l'album suivant, *Like a Virgin*, arrivait chez les marchands de disques. Sa sortie avait été retardée car le disque Madonna ne montrait aucun signe d'essoufflement, et la maison de disques ne voulait pas perdre la moindre vente. Quand l'album arriva sur le marché, les chansons telles que *Like a Virgin* et *Material Girl* firent un tabac aux quatre coins du monde. Plus rien ne pouvait arrêter Madonna, dont le nom était devenu familier non seulement aux Etats-Unis mais sur toute la planète.

C'est pendant cette période que les amours jusque-là houleuses de Madonna prirent un nouveau virage. Depuis ses 14 ans, la star avait eu une ribambelle de petits amis, mais aucun n'avait jamais gagné son respect. Elle en avait toujours changé sans grand état d'âme. Cependant, alors qu'elle tournait la vidéo de *The Material Girl*, Madonna rencontra son premier véritable amour, l'acteur, un peu animal sauvage, Sean Penn.

Ils ne devaient pas se revoir avant 1985. A ce moment-là, Madonna avait réussi à entrer dans le monde du cinéma, et elle tournait à Los Angeles la comédie romantique *Recherche Susan désespérément*, qui fut acclamée par la critique. Madonna et Sean Penn venaient, chacun de leur côté, de mettre un terme à une autre relation. Ils commencèrent à se fréquenter. Madonna, conquise par l'acteur et son caractère rude et nerveux, trouva qu'ils étaient faits l'un pour l'autre. Ils se consacraient tous les deux à leur carrière et ne voulaient pas faire de compromis dans le choix de leurs rôles.

Très vite, leur relation fut tumultueuse, ce qui leur valut parfois d'être surnommés les «Penn bagarreurs», surtout à cause du mépris que l'acteur affichait ouvertement envers les paparazzi, qui les traquaient en permanence. Sean Penn aimait aussi la vie en plein air, et l'atmosphère de New York lui déplaisait, en particulier la scène gay, qui fascinait tant Madonna. Il ne fit rien pour se faire aimer par les amis de la chanteuse.

Quoi qu'il en soit, le 16 août 1985, le jour de l'anniversaire de Madonna, le couple se maria à Malibu au cours d'une cérémonie privée. Toujours à l'affût, la presse apprit leur venue, qui n'avait pourtant pas été divulguée, et les bombarda de reporters et de photographes. Les hélicoptères volaient si bas que Madonna et Sean Penn s'entendirent à peine prononcer leurs vœux. D'une manière générale, Madonna fut très déçue par cette cérémonie, qui avait été soigneusement programmée. Les invités ne se mélangèrent pas, les acteurs venant de Los Angeles restèrent entre eux, laissant de côté le cercle des New Yorkais farfelus.

Les jeunes mariés décidèrent bientôt de tourner un film ensemble. *Shanghai Surprise* fut criblé de problèmes dès le début du tournage. Il y eut des bagarres sur le plateau entre le directeur et Sean Penn. Madonna travailla assidûment son rôle, mais il fut vite évident qu'elle manquait d'expérience en tant qu'actrice. Au box office, la «comédie» ne fit rire personne et le film, qui avait coûté dix-sept millions de dollars, ne rapporta que deux millions d'entrées dans l'ensemble des pays où elle fut présentée.

Les longues séparations dues à leurs engagements professionnels causèrent des problèmes majeurs au sein du couple. L'agressivité de Penn commença à irriter Madonna. Les médias, qui les avait suivis à la trace depuis le début de leur idylle, ne les lâchaient pas. Penn se mit à les détester de plus en plus et entra régulièrement en conflit avec eux. A cette époque, il buvait beaucoup, et Madonna lui reprochait de faire beaucoup trop souvent la fête. Quand il fut emprisonné pour conduite en état d'ivresse, elle en eut assez. Dix semaines plus tard, en septembre 1987, elle demanda le divorce. Sean Penn tenta de la reconquérir en s'amendant. Ils se réconcilièrent quelque temps, mais après un incident survenu chez eux, dont aucun des deux ne voulut parler, Madonna mit définitivement un terme à leur relation. Depuis, Sean Penn a épousé l'actrice Robin Wright.

En 1990, Madonna arriva de nouveau au pinacle du succès commercial. Elle incarna la femme fatale Breathless Mahoney dans *Dick Tracy*. Pendant le tournage, elle eut une aventure qui lui fit beaucoup de publicité avec l'acteur et directeur de la production Warren Beatty. Après le tournage, elle entreprit «Ambition blonde», sa tournée tristement célèbre qui la montra sous son jour le plus controversé : bizarrement vêtue, elle affichait un style mélangeant la sexualité, la danse et la religion. Quand elle vécut son histoire avec Warren Beatty, Madonna et ses «seins coniques» firent sans arrêt la une des journaux. La tournée fut filmée pour son documentaire de 1991 Au lit avec Madonna (Vérité ou Défi).

Les années 90 furent généreuses pour la carrière musicale de la star. Parmi les plus grands succès de cette décennie figurent les numéros un au hit parade : *Vogue*, *Hanky Panky*, *Justify my Love* (qui fut censuré sur la chaîne MTV à cause de sa vidéo explicitement sexuelle), *Rescue Me* et *This Used to be my Playground*. Elle lança aussi *Sex*, son livre érotique illustré. Epuisé en quelques heures, il dut être réimprimé aussitôt, et il se plaça tout en haut de la liste des best-sellers. Une fois de plus, Madonna devint un sujet de polémique dans les journaux, sur les chaînes de radio et de télévision internationales. Son livre fut très critiqué. Même les féministes, ses alliées jusqu'alors indéfectibles, lui reprochèrent d'avoir trahi la cause des femmes en publiant ce livre.

Cependant, rien ne semble pouvoir affecter la popularité de Madonna, ce qui est généralement attribué à sa capacité de réinventer constamment son image et sa musique. Elle doit sa fortune colossale et ses biens à ses contrats d'enregistrement judicieux et à son sens aigu des affaires. En 1992, elle signa un contrat de plusieurs millions de dollars avec Time-Warner, qui lui laissa le contrôle total de son enregistrement et de sa campagne publicitaire sous sa propre marque «Maverick».

Afin de protéger sa vie privée, Madonna s'acheta une maison qui ressemblait à une véritable forteresse. Castillo del Lago fut construite par Bugsy Seigal, le gangster de la Mafia. Le manoir rose, perché sur un piton rocheux dans un site spectaculaire des collines d'Hollywood, offre un panorama à cent quatre-vingt degrés sur la ville de Los Angeles. Il était devenu le refuge de Madonna, qui se préoccupait de plus en plus de sa sécurité. Cependant, les hauts murs dont elle s'entoura ne parvinrent pas à dissuader un certain Robert Dewey Hoskins.

Robert Hoskins était originaire du nord de la Californie et de l'Orégon. Sa famille vivait dans des régions rurales de ces deux Etats, et il était relativement étranger à la vie citadine. Il était marié et père de plusieurs enfants. La police devait apprendre par la suite que Hoskins avait été arrêté et interrogé plusieurs fois pour avoir violenté sa femme et menacé ses enfants. La police de West Valley découvrit qu'il avait une réputation de violence et qu'il lui était arrivé une fois de se battre avec un officier de police, dans l'Etat où il vivait. Il semblerait qu'il ait tenté de le poignarder alors qu'il était arrêté, et les agents de police le considéraient comme un individu dangereux pour autrui. L'enquête de police qui eut lieu chez lui fut une des principales raisons de sa fuite vers Los Angeles.

En février 1995, il essaya de communiquer avec Madonna, lui envoyant une série de lettres qu'il signait «ton mari, Bob». Elles étaient souvent détaillées, explicites et le plus souvent insensées. Très différentes des centaines de lettres de fans que Madonna avait l'habitude de recevoir, elles attirèrent l'attention par leur étrange contenu. Les personnes qui s'occupaient du courrier de la star soupçonnèrent leur auteur d'être mentalement dérangé mais elles ne craignirent pas qu'il puisse représenter une menace imminente. Pourquoi Hoskins jeta-t-il son dévolu sur Madonna et en fit-il l'objet de son obsession, c'est la question que tout le monde s'est posée, et lui-même n'a jamais donné d'explication. Son attirance s'explique certainement en partie par la gloire internationale, le pouvoir et la fortune de la star. Ses lettres indiquaient sans doute qu'il croyait avoir une relation avec Madonna et que la chanteuse éprouvait pour lui les mêmes sentiments qu'il avait pour elle.

John Myers, un avocat commis d'office qui devait défendre Hoskins, fournit un certain nombre d'informations sur son milieu :

«C'est un vagabond, depuis longtemps. A un moment donné, il a commencé à se droguer et à boire, ce qui l'a conduit à sa chute.»

Rhonda Saunders, Procureur adjoint du Comté de Los Angeles, a jugé plusieurs cas de harcèlement. Elle est encore plus précise quant à la menace que Hoskins représentait pour la société :

«Cet homme est extrêmement dangereux – il a un passé de violence conjugale. Son ex-épouse et ses enfants devaient se protéger de lui. Il a abusé de sa femme. Il a abusé de ses enfants. Il a cassé un bras à l'un de ses enfants en le jetant dans l'escalier. Ensuite, il a dit à sa femme que si elle allait se plaindre à la police, il tuerait les autres enfants sous ses yeux.»

Si le personnel administratif de Madonna avait connu le passé de cet homme, qui signait ses lettres «ton mari, Bob», il aurait probablement pris davantage au sérieux le contenu de ses lettres. Madonna se souciait beaucoup de sa sécurité personnelle, et elle avait constamment des gardiens armés tout autour de sa propriété. Quand elle voyageait, elle était très entourée, notamment par du personnel de sécurité. Elle craignait particulièrement que sa fille, Lourdes, soit enlevée.

L'après-midi du jeudi 6 avril 1995, un individu rôdait

dans la pelouse, autour de la maison de Madonna. Il traînait là depuis un bon moment. Il se glissa très lentement vers la propriété, toujours sur le qui-vive, de crainte de voir un gardien ou quelqu'un d'autre sortir de la maison. Voyant une opportunité, il escalada un mur et se dirigea vers une cour voisine des pièces où vivait Madonna. Il portait un cœur en bois qu'il avait fabriqué spécialement pour elle, et qu'il voulait lui remettre en mains propres.

Basil Stephens, le garde du corps personnel de Madonna, fut surpris par la silhouette qui s'approcha brusquement de lui. Il devait déclarer que l'homme «tempêtait» et «délirait», qu'il affirmait être le mari de Madonna, et qu'il voulait savoir où se trouvait sa «femme». Le «mari» de la star était si perturbé que lorsque Stephens lui ordonna de sortir de la propriété, il le congédia. D'après le témoignage du garde-du-corps, Hoskins aurait dit :

«Vous ne pouvez pas m'ordonner de sortir de ma propre propriété, vous êtes congédié – sortez de ma propriété.»

Cet homme n'était autre que Robert Hoskins. Le garde du corps eut le plus grand mal à le chasser.

Le lendemain, 7 avril, Hoskins retourna devant la maison de Madonna. Cette fois-ci, il contacta le personnel de la maison par l'interphone et s'adressa à la secrétaire particulière de Madonna, Caresse Norman. Une fois encore, il déclara son amour pour la chanteuse et menaça de la tuer s'il ne pouvait pas avoir une relation avec elle. Il ajouta qu'il était le mari de Madonna et qu'il voulait la voir. Quand la secrétaire refusa de le laisser entrer, il menaça de couper la gorge de la chanteuse, d'une oreille à l'autre. Il dit à la secrétaire qu'il la tuerait aussi, ainsi que tous ceux qui se trouvaient dans la maison avec la star, s'il ne pouvait pas voir «sa femme». Il voulait voir Madonna immédiatement et l'épouser sur-le-champ. Son désir d'épouser Madonna prouvait qu'à un certain niveau, Hoskins savait qu'il n'était pas son mari. Cependant, son illusion était suffisamment forte pour qu'il ignore ce détail «mineur» tandis qu'il exigeait de voir sa «femme». Que Hoskins ait menacé de tuer Madonna ou pas, le contenu du billet qu'il avait laissé est d'une clarté effrayante. Le principale pique de la note était formulée ainsi: «Tu es ma femme, tu seras à moi pour toujours.»

Rhonda Saunders en fit ce commentaire:

«Il a écrit ces mots sur un tract religieux intitulé "profanée". Il s'agit donc d'un papier sur lequel est écrit je vous aime, mais en haut, on peut lire en grosses lettres noires: «profanée».

Voici son contenu:

MaDNNA
A Louise – Ciccone – Je vous aime – Serez – Vous – Ma – Femme – pour – toujours – Robert – Dewey – Hoskins

Il avait dessiné des cœurs autour des mots et sur le verso, il avait fait d'autres dessins et écrit:

J'suis très – désolé. – Rencontrez – moi – quelque-par. – Amour pour – toujours. – Robert – Dewey – Hoskins

Il avait aussi écrit: «Soyez à moi. Et je serai à vous», qu'il avait entouré d'un trait. Le tract religieux sur lequel le poème était écrit décrétait que les gens qui portaient des vêtements inappropriés devraient être punis et que ceux qui avaient des relations sexuelles en dehors du mariage devraient être tués.

Plus tard, pendant le procès, la défense argua du fait

que Hoskins était un homme qui partait à la dérive, et qu'il n'avait pas choisi délibérément ce pamphlet. Son avocat maintint qu'il l'avait trouvé dans une poubelle et que si son contenu semblait correspondre à son propos, ce n'était qu'une coïncidence. John Myers déclara :

«J'ai basé ma défense sur le fait que M. Hoskins menait une vie de bohême et qu'il avait probablement ramassé ce tract dans une poubelle. C'était une pure coïncidence que ce soit ce tract religieux qui porte le mot «profanée». Je ne crois pas que cela ait une quelconque signification ou que M. Hoskins ait sélectionné cette littérature à dessein. Je ne crois pas qu'il soit assez subtil pour faire quelque chose comme cela.»

Après avoir déposé ce papier, Hoskins s'éloigna lentement de la maison. Et sans s'y attendre, il rencontra Madonna. Elle avait l'habitude de courir autour du lac, qui se trouvait en-dessous de sa maison, ou d'en faire le tour à bicyclette, accompagnée de son entraîneur personnel.

Hoskins se dirigeait vers le portail quand il la vit. Pétrifié, il la regarda jusqu'à ce qu'elle arrive en face de lui. La star s'approcha très lentement et son entraîneur s'interposa entre elle et Hoskins. Elle devait dire plus tard qu'elle avait été effrayée par la façon dont il la regardait. Au cours d'autres interviews, elle put donner une description de Hoskins assez précise pour qu'il puisse être identifié.

Hoskins ne tenta pas de communiquer directement avec Madonna. Il resta devant elle, à la fixer. Il arrive fréquemment que les personnes obsédées par quelqu'un restent figées, et oublient pourquoi elles se trouvent face à l'objet de leur désir au moment où leur rêve se réalise. Quand Madonna rentra chez elle, son personnel l'informa que l'homme qui se trouvait devant son portail était le même que celui qui était entré dans sa propriété, la veille. Elle prit connaissance du «petit mot d'amour», qui la terrifia autant que la menace de l'égorger. Basil Stephens pensait lui aussi que Hoskins était très dangereux. Il appela la police, qui fut incapable de le localiser, ni ce soir-là, ni au cours des semaines suivantes. A Castillo del Lago, tout le monde pensa que c'était la fin de cette histoire. Mais tout le monde se trompait.

Sept semaines plus tard, Hoskins revint à Castillo del Lago. Cette fois-ci, les événements prirent une tournure violente. Le soir du 29 mai, Hoskins escalada l'enceinte de plus de trois mètres de la propriété de Madonna, courbant un des piquets d'acier qui maintenaient le fil de la clôture. Il ignora une pancarte indiquant «propriété privée» et se glissa vers la porte d'entrée. Il essaya de regarder à l'intérieur de la maison, puis il s'éloigna et se dirigea vers la piscine.

C'est là que Basil Stephens le trouva un peu plus tard. Il le tint en respect avec son fusil. Hoskins se mit à hurler : «Je l'aime, vous ne comprenez donc pas !», et il essaya de s'attaquer à lui en criant qu'il voulait voir «sa femme.» Toujours déchaîné, il dit qu'il était venu voir Madonna et que Stephens et les autres membres de l'équipe de sécurité l'en avaient empêché. Stephens voulait le retenir jusqu'à ce que la police arrive. Au lieu d'essayer de s'enfuir, Hoskins ne fit même pas attention à sa propre sécurité et se jeta sur Stephens pour essayer de s'emparer de son fusil. Le garde du corps comprit que si le «mari» fou réussissait à lui prendre son arme, il le tuerait. Stephens tira une fois, touchant Hoskins au bras gauche. Loin d'être dissuadé, Hoskins s'élança encore vers Stephens, qui tira une seconde fois et le blessa à l'estomac. Hoskins s'écroula. Stephens appela immédiatement une ambulance. Il crut d'abord l'avoir tué, mais quand l'ambulance arriva, il le vit assis, en train d'éponger le sang qui coulait de sa blessure. Stephens, choqué par cette altercation, lui dit : «Je suis désolé de vous avoir tiré dessus». Hoskins aurait répondu : «Pas de problème». Il fut emmené à l'hôpital Cedar-Sinai.

Il fut ensuite arrêté pour harcèlement et menaces de mort sur la personne de Madonna et sur des membres de son personnel. Puis Robert Dewey Hoskins fut convoqué par le tribunal de Los Angeles.

Le 1er juin, il plaida non coupable aux chefs d'accusation de harcèlement, de menaces de mort et d'agression. Au cours d'une audience préliminaire à laquelle Madonna ne s'était pas présentée, Hoskins fut libéré sous caution de cent cinquante mille dollars jusqu'à la lecture de l'acte d'accusation, le 29 août.

John Meyers, l'avocat commis d'office, prépara sa défense pour un Hoskins appauvri :

«Je me suis très bien entendu avec M. Hoskins. Il a compris de quoi il était accusé, il était capable de participer à la préparation de sa défense. Notre défense est basée sur le fait qu'il n'a rien fait de plus que d'entrer dans une propriété privée. Je pense qu'il a été accusé à tort de menaces de mort et de harcèlement. Je dois dire que malgré le fait que nous nous entendions bien, j'ai eu l'impression qu'il était plein d'illusions. Au début, il m'a dit qu'il était marié avec Madonna, et il avait l'air de le croire sincèrement. Il m'a parlé du lieu où ils s'étaient mariés, et il m'a dit qu'ils avaient échangé des serments.»

John Myers pensait que Stephens avait fait un excès de zèle et qu'il n'avait pas besoin d'utiliser son arme.

«Tout d'abord, le garde du corps est bien plus grand et plus fort que M. Hoskins. Il est entraîné aux arts martiaux, à l'auto-défense etc, et c'est pourquoi je pense qu'il a fait un excès de zèle en lui tirant dessus.»

Le procès de Hoskins eut lieu 8 mois après. Madonna était décidé à ne pas témoigner, du moins pas devant le public. Elle ne voulait pas faire le plaisir à Hoskins de se trouver dans la même salle qu'elle. Mais le 21 décembre 1995, le juge Andrew Kauffman convoqua Madonna au tribunal de Los Angeles pour le 2 janvier 1996 afin qu'elle témoigne contre Hoskins. L'avocat de Madonna, Nicholas DeWitt, déclara que la chanteuse était trop «fatiguée» après un voyage au Royaume Uni pour se présenter, et qu'elle avait un programme très chargé avec le tournage du film Evita en Argentine.

John Myers insista pour que Madonna vienne en personne à la barre. Il évoqua le sixième amendement qui donnait à son client le droit de se confronter à toutes les personnes venant témoigner contre lui, et de leur faire subir un contre-interrogatoire. Le juge Kauffman décréta que Madonna devait venir au procès, sinon elle serait arrêtée et devrait payer une caution de cinq millions de dollars. DeWitt fit valoir que Madonna était prête à retirer sa plainte, afin d'éviter le traumatisme de se présenter au tribunal. L'accusation refusa. Rhonda Saunders craignait que les condamnations qu'elle pouvait obtenir contre le persécuteur de Madonna se retournent si elle ne venait pas, et elle l'encouragea à se déplacer au tribunal.

Le 2 janvier 1996, le jour où la star devait venir à la barre, DeWitt déposa une motion pour que la star enregistre son témoignage sur une bande vidéo ou, si ce n'était pas possible, que Hoskins sorte de la salle d'audience quand elle apparaîtrait. Il ajouta que le tribunal faisait le jeu de Hoskins en demandant à Madonna de venir dans la même salle que lui. Cependant, le juge insista sur le droit de Hoskins à se trouver face à celle qui l'accusait.

Le mercredi 3 janvier 1996, Madonna arriva, à contre cœur, au tribunal. Toute de noire vêtue, elle semblait tendue et sévère. Elle pénétra dans le bâtiment par un garage souterrain, fréquemment utilisé pour le transfert des prisonniers entre le tribunal et la prison. La chanteuse était entourée en permanence d'agents et de gardes du corps. La salle d'audience était pleine de journalistes, bien que les caméras aient été interdites. Madonna paraissait très émue et nerveuse quand elle se présenta à la barre pour faire son témoignage. Quand on lui demanda pourquoi elle n'était pas venue à la précédente convocation, elle répondit : «J'avais peur de Hoskins et n'ait pas voulu lui donner l'opportunité de me voir de si près.»

Madonna raconta ensuite dans quelles circonstances elle l'avait vu une fois devant chez elle. Elle avait été effrayée par son regard fou et son apparence débraillée. En apprenant qu'il avait menacé de la tuer et de tuer tous les occupants de la maison si on ne lui permettait pas de voir sa «femme», elle avait été bouleversée, et s'était sentie «incroyablement violée». Madonna déclara qu'elle avait commencé à faire des cauchemars dans lesquels Hoskins entrait par effraction dans sa maison pour la persécuter.

Au fur et à mesure que son témoignage se déroulait, elle paraissait moins nerveuse et plus en colère. Elle déclara ne pas comprendre pourquoi on l'avait obligée à se présenter à l'audience et pourquoi on lui avait refusé la possibilité de transmettre son témoignage par bande vidéo.

Quand on lui demanda ce qu'elle éprouvait en se trouvant dans la salle du tribunal en même temps que Hoskins, elle ferma les yeux et répondit : «J'en ai mal à l'estomac. C'est extrêmement perturbant que cet homme, qui a menacé ma vie, soit assis en face de moi, qu'il ait fini par voir ses fantasmes se réaliser. Je suis là, en face de lui, et c'est exactement ce qu'il voulait.»

Tout au long de sa déposition, qui dura 75 minutes, Hoskins l'observa calmement, remuant très rarement sur son siège. Madonna évita délibérément de le regarder, sauf lorsqu'elle dut l'identifier. Elle le regarda alors droit dans les yeux en disant : « Il porte une chemise blanche ».

Elle déclara qu'elle avait été si terrifiée par Robert Hoskins qu'elle avait décidé de vendre Castillo del Lago.

« Je sens qu'il a attiré une énergie négative, et je serais une cible si je restais dans cette maison. Je l'ai mise en vente et j'ai décidé de m'éloigner de Los Angeles. »

Le lendemain, au tribunal, Basil Stephens et la secrétaire particulière de Madonna, Caresse Norman, se présentèrent à leur tour. Le 5 janvier, Andy Purdy déclara qu'il avait transmis à Madonna un mot écrit par Hoskins, et qu'en le lisant, elle avait frissonné « ...un courant d'air glacé semblait lui avoir traversé le corps ». Elle lui avait dit que Hoskins l'inquiétait pour sa sécurité personnelle et avait changé son programme afin de passer davantage de temps à New York, et d'éviter de le rencontrer de nouveau.

Dans sa plaidoirie finale, John Myers s'en prit à Madonna, la traitant de « prima donna ». Il affirma qu'elle passait son temps à jouer la comédie et l'accusa d'être « ...une menteuse invétérée ». Il avait toujours prétendu que Hoskins n'avait fait que pénétrer dans sa propriété. Il maintenait que Hoskins avait été accusé à tort de harcèlement et de menaces de mort. Il affirma devant le jury que Hoskins s'occupait toujours de ses enfants. Selon lui, Hoskins n'était pas l'homme dangereux décrit par l'accusation.

De son côté, la partie civile maintint que l'accusé était réellement dangereux et elle rappela son passé de violence domestique. Rhonda Saunders fit aussi remarquer que la presse avait transformé en comédie l'épreuve subie par Madonna. D'après elle, cela avait miné les efforts destinés à attirer l'attention sur les dangers réels que faisaient courir des personnes ayant un tel potentiel de violence. Saunders ajouta qu'en étant la cible de cet individu dangereux, la chanteuse avait payé un tribu psychologique, et qu'elle continuerait probablement à avoir peur et à se sentir menacée même si Hoskins allait en prison. Les harceleurs étant finalement libérés, dit-elle, les victimes peuvent craindre qu'ils recommencent à les traquer.

Le 8 janvier, le jury, composé de huit hommes et quatre femmes, passa quatre heures et demie en délibérations et déclara que Robert Dewey Hoskins était coupable des cinq chefs d'accusations portés contre lui: harcèlement, trois accusations de menaces de mort, et agression. Un juré fit plus tard le commentaire suivant: «Les femmes du jury n'hésitèrent pas une seconde. Quant aux hommes, ils eurent besoin d'arguments convaincants sur ce qui pouvait effrayer une personne.»

John Myers demanda l'indulgence pour son client, requérant une peine de cinq ans et quatre mois. Il expliqua que Hoskins avait eu une enfance perturbée et qu'il avait souffert de maladie mentale. En 1989, il avait eu une blessure dans le dos qui l'empêchait de travailler. Myers souligna aussi que son client était la seule personne qui avait été blessée physiquement dans cette affaire, et que sa condamnation devrait être fondée sur ce qui s'était réellement passé dans la propriété de Madonna, et non pas sur ce qui aurait pu se produire.

L'accusation, sous la houlette de Rhonda Saunders, demanda une peine de dix ans et six mois. La juge Connor accepta et rejeta les arguments de la défense. A propos de la maladie mentale apparente de Hoskins, elle déclara: «Cela ne diminue pas le danger, au contraire, cela risque de faire sortir l'accusé plus tôt.» Elle parla aussi de son inquiétude au sujet de la «pathologie violente de Hoskins, de son extraordinaire persévérance et de ses efforts agressifs.» Elle lui infligea une condamnation de dix ans, et

conseilla qu'il purge sa peine en étant suivi par un psychiatre. Elle le condamna aussi à deux cents dollars d'amende,
somme qu'il pourrait gagner en travaillant en prison.

Hoskins se montra peu ému en apprenant ce verdict.

L'avocat de Madonna, Nicholas DeWitt, déclara que sa
cliente espérait que la décision du juge enverrait le message «...que la société ne tolère pas ce genre de menaces»
et elle ajouta à propos du verdict : «Il prouve que le système
judiciaire fonctionne».

Après le procès, Madonna affirma qu'elle continuait à
avoir des cauchemars. Elle commença à se demander si
elle n'était pas responsable de toute cette affaire, si ce
n'était pas le résultat de son attitude provocante, ouvertement sexy. Pour elle, des «monstres» comme Hoskins pouvaient avoir une perception complètement différente des
événements qu'elle avait vécus, et les considérer comme
une invitation. Quand le célèbre détective privé de Los
Angeles, Anthony Pellicano, entendit parler de Hoskins, il
eut une réaction qui ne fut pas précisément rassurante pour
la star. Pour lui, Madonna attirait ce genre de fanatiques :
«Madonna attire un tas de gens dérangés mentalement... quand elle se montre en public, elle aime s'étaler.»

Madonna avait repris sa vie normale. Elle se rendit à
Buenos Aires pour le début du tournage d'*Evita*. Elle y
incarne Eva Peron, l'un des rôles les plus intéressants de
sa carrière, qui lui valut le Golden Globe.

Malheureusement, Hoskins n'est pas le seul obsédé
auquel la star ait eu affaire. En 1999, avec sa fille Lourdes,
elle descendait du Concorde, à Heathrow, escortée par la
police. Les représentants de la British Airways avaient
reçu un appel anonyme annonçant une action contre elle
quand elle arriverait à Heathrow. Entourée de six agents
de police, elle serra sa fille dans ses bras en descendant de
l'avion, mais il n'y eut aucun incident.

Un autre fan obsédé, britannique celui-là, qui traque Madonna depuis dix ans, a été averti par la police qu'il allait être accusé et qu'il risquait la prison s'il ne la laissait pas tranquille. Des détectives ont écrit à Jacob Johnson, âgé de 32 ans, pour l'informer que Madonna avait porté plainte contre lui pour harcèlement. Il avait visité sa demeure dans l'ouest de Londres, et il lui avait envoyé par la poste des objets «alarmants et dangereux». S'il était condamné, il risquait une peine maximum de cinq années d'emprisonnement. En mars 2002, il passa à la radio et se vanta d'avoir suivi Madonna neuf fois jusqu'en Amérique, et de l'avoir bombardée de lettres d'amour, de fleurs et de chocolats. Johnson admit qu'il «traquait Madonna depuis des années», et qu'il lui avait offert «de beaux colliers et de jolies bagues... et déposé quelques objets sous la porte.»

Robert Hoskins est toujours en prison. Il est encore obsédé par Madonna. Il lui a envoyé récemment une bande vidéo sur laquelle il menace de la tuer. Au cours d'un procès en appel, il insista sur le fait qu'il n'avait aucun problème. Plus tard, il proféra des menaces contre tous ceux qui avaient été du côté de l'accusation pendant son procès. Informée du harcèlement continuel dont Madonna reste victime, la juge Rhonda Saunders a contacté ses avocats pour leur faire savoir que «leur cliente continuait à être menacée».

Hoskins devrait terminer sa peine en 2004, mais Rhonda Saunders veut qu'il reste en prison, car elle pense que :

«Cet homme ne devrait pas être rendu à la liberté, parce qu'il risque de blesser ou de tuer quelqu'un.»

TABLE DES MATIÈRES

Les crimes cannibales

Etienne Jallieu

L'Allemagne a, pour sa part, une longue liste de tueurs cannibales. Chaque criminel ajoute sa part d'horreur, l'un tue et mange des enfants, l'autre tue des femmes ou des hommes et déguste de la chair humaine. Le Cannibale de Rothenburg mange avec sa victime consentante le sexe de cette dernière après l'avoir fait cuire dans une poêle. Il le tue, le découpe et congèle des petits paquets de chair bien étiquetés, à consommer plus tard. Il invite des amis à dîner…

Vous trouverez dans ce livre d'autres cas terrifiants qui vous sont rapportés comme celui du tueur cannibale et nécrophile sud africain Stewart Wilken et l'Ogre du Montana, ils avaient tous les deux une chose en commun, ils aimaient tellement les enfants…

ISBN 2-940349-02-9

Les légistes enquêtent
Hans Pfeiffer

Cette partie de la science est l'une des moins connues par le grand public. Toutes les disciplines en font partie. Aujourd'hui la génétique permet de reprendre et d'élucider des cas qui depuis des années restaient non résolus et même d'innocenter de faux coupables. Aux Etats-Unis des prisonniers condamnés à mort ont été blanchis et les responsables enfermés.

L'histoire des trois os, nous rapporte comment un médecin légiste du début du XXe siècle a résolu un meurtre à partir de trois fragments d'os.

Le poison, forme de meurtre souvent employé, car indécelable, ne l'est plus actuellement grâce aux nouvelles techniques d'analyse.

En fait les légistes font raconter aux corps leur dernière histoire afin de ne pas laisser leur mort impunie.

ISBN 2-940349-00-2

Ces femmes qui tuent sauvagement
Mike James

Qu'est ce qui pousse des femmes à commettre des crimes d'une cruauté inimaginable? Ce livre relate des faits réels, étudiant les motifs et les causes qui en font des tueuses sauvages.

Lors de son voyage de noces, l'une d'elle tue, découpe et grille au barbecue les côtes de son mari, qu'elle déguste. «C'était comme au restaurant», dira-t-elle aux enquêteurs.

Chaque récit que nous vous rapportons vous mène à la limite extrême du concevable.

ISBN 2-940349-03-7

Les couples sanglants
Patrick Blackden

Le beau couple canadien Paul Bernardo et Karla Homolka semblait être l'image même de la réussite. Personne n'aurait pu imaginer qu'ils se droguaient, violaient et tuaient des jeunes femmes ensemble pour assouvir les besoins et phantasmes sexuels de Bernardo.

Que dire de Fred et Rose West qui ont commis dans leur maison à Gloucester en Angleterre des crimes innommables. Violant et tuant leurs propres enfants, ainsi qu'un grand nombre de jeunes filles pendant près de 20 ans.

Rien n'inspire plus d'horreur et de fascination que les couples qui, ensemble, tuent pour le plaisir.

Obsédés par leur folie partagée, leur attraction est toujours fatale et leurs actions cauchemardesques.

ISBN 2-940349-04-5